DEUTSCHE
BIBEL
GESELLSCHAFT

LUTHERBIBEL

Auslese

Die wichtigsten Texte
Die schönsten Geschichten

DEUTSCHE BIBELGESELLSCHAFT

Die Deutsche Bibelgesellschaft ist eine kirchliche Stiftung des öffentlichen Rechts. Sie übersetzt die biblischen Schriften, entwickelt und verbreitet innovative Bibelausgaben und eröffnet für alle Menschen Zugänge zur Botschaft der Bibel. International verantwortet sie die wissenschaftlichen Bibelausgaben in den Ursprachen. Durch die Weltbibelhilfe unterstützt sie in Zusammenarbeit mit dem Weltverband der Bibelgesellschaften (United Bible Societies) weltweit die Übersetzung und Verbreitung der Bibel, damit alle Menschen die Bibel in ihrer Sprache lesen können.
Weitere Informationen finden Sie unter www.die-bibel.de

ISBN 978-3-438-03381-9

Lutherbibel. Auslese

Einleitungen: Florian Voss
Satz: Deutsche Bibelgesellschaft
Druck- und Bindearbeiten: C. H. Beck, Nördlingen

Printed in Germany

8.2023

VORWORT

Die Bibel – besonders in der Übersetzung von Martin Luther – ist das vielleicht wichtigste Buch in deutscher Sprache, auf jeden Fall wohl das am häufigsten gedruckte. Ihre wunderbaren Geschichten und zeitlosen Texte prägen seit Jahrhunderten die Sprache, die Kultur und den Glauben der Menschen. Doch zugleich können immer mehr Menschen nichts mehr mit ihr anfangen. Sie ist fremd geworden. Wir leben heute weniger mit der Bibel, als es frühere Generationen getan haben; oft steht sie ungelesen im Schrank. Das ist verständlich, denn die Bibel liest sich eben nicht wie ein Roman und auch nicht wie eine Anthologie. Sich einen Zugang zu ihr zu verschaffen und innere Zusammenhänge zu erkennen ist nicht leicht. Genau dabei möchte die vorliegende Zusammenstellung von Bibeltexten helfen. So finden Sie im Folgenden in 27 Kapiteln eine Auswahl besonderer Bibeltexte: angefangen bei der Schöpfung über die Geschichte Israels und die Botschaft der Propheten bis hin zu Jesus, Paulus und schließlich der Verheißung einer neuen Welt.

Dieses Buch nennt sich eine „Auslese“. Den Begriff kennen viele vor allem im Zusammenhang mit Weinen: Eine Auslese ist ein Prädikatswein aus ausgesuchten Trauben. Eine Auslese zu treffen bedeutet, etwas mit kritischem Blick zu prüfen und Unterscheidungen zu treffen: Was ist so besonders, dass es heraussticht aus der Menge? Nicht jede Traube hat das Zeug zum Prädikatswein.

Doch kann, was bei Weintrauben möglich ist, auf Bibeltexte angewendet werden? Kann man hier Wichtiges von weniger Wichtigem trennen? Das ist tatsächlich schwierig, zunächst, da eine solche Auswahl immer subjektiv ist. Die Notwendigkeit der Begrenzung führt zwangsläufig dazu, dass viele schöne und wichtige Texte in der Auswahl fehlen. Hier wird der Leser/die Leserin um Nachsicht gebeten. Auch aus theologischen Gründen ist es schwierig, eine Auswahl zu treffen: Nach christlichem Bekenntnis ist die Bibel ja gerade als Ganzes das Wort Gottes. Ihre Texte interpretieren sich gegenseitig, und auch selten gelesene Texte können den Menschen als Wort Gottes ansprechen. Auswahlbibeln hat die Kirche stets zurückgewiesen, jedenfalls sofern die Auswahl von theologischen Kriterien geleitet war.

Theologische Kriterien haben die vorliegende Auswahl nicht geleitet, jedenfalls nicht bewusst. Vielmehr ging es darum, besonders bekannte und bemerkenswerte Texte und Geschichten auszuwählen und diese durch Einleitungen so miteinander zu verknüpfen, dass der Zugang zu ihnen erleichtert wird. Die Auswahl soll also gerade nicht zum fragmentierten Lesen einzelner Texte führen, sondern gleichsam einen Pfad durch das manchmal unzugängliche Dickicht der biblischen Zusammenhänge aufzeigen. Wer diesen Pfad gegangen ist, wird danach vielleicht auch wieder einmal die im Regal stehende vollständige Bibel mit Gewinn aufschlagen.

Florian Voss

INHALT

Ein detailliertes Inhaltsverzeichnis mit Angabe der Bibelstellen findet sich am Ende des Buches ab S. 213.

Altes Testament

Neues Testament

Altes Testament

Die Erschaffung der Welt und die ersten Menschen

Am Anfang der Bibel steht der Bericht von der Erschaffung der Welt. Zunächst herrscht nur finsteres Chaos. Doch Gott bringt Licht in die Dunkelheit. Durch sein Wort gestaltet er einen Lebensraum für Pflanzen, Tiere und Menschen. Die Erzählung davon ist in Tagesabschnitte gegliedert. Am sechsten Tag schafft Gott den Menschen als Mann und Frau »zu seinem Bilde« und beauftragt ihn mit der Herrschaft über alle anderen Lebewesen. Letztlich läuft die Erzählung aber auf den siebten Tag zu: An diesem Tag hat Gott seine Schöpfung vollendet und ruht sich von seiner Arbeit aus. Auch die Menschen sollen am siebten Tag ihre Arbeit ruhen lassen und der Natur eine Erholungspause gönnen. So hat Gott alles gut gefügt. *(1. Mose 1,1–2,4a)*

Diesem Bericht lässt die Bibel einen zweiten folgen, der die Erschaffung der Welt auf andere, urtümlichere Weise schildert und bei dem die Erschaffung des Menschen bereits am Anfang steht. Stärker noch als zuvor kommt hier zum Ausdruck, dass es für den Menschen charakteristisch ist, nicht alleine zu leben, sondern in Beziehung zu einem menschlichen Gegenüber, das ihm durch und durch entspricht. Dass die Frau »aus der Rippe« des Mannes geschaffen wird, zeigt die einzigartige Verbundenheit beider – und damit aller Menschen auf Erden. Gott pflanzt ihnen einen Garten als Lebensraum, den Garten Eden, in dem sie mit allem versorgt sind.

Und doch scheint hier schon ein Bedrohungsmoment auf, und zwar in Gestalt des »Baumes der Erkenntnis des Guten und Bösen«: Wer von ihm isst, ist des Todes! *(1. Mose 2,4b-25)*

Und so geschieht es dann auch. Die Versuchung, »wie Gott« zu sein, ist für den Menschen einfach zu groß, und er gibt ihr nach. Er überschreitet die ihm gesetzte Grenze und entfremdet sich dadurch von Gott. Zwar straft Gott ihn dann doch nicht mit dem Tode, verbannt ihn aber aus dem Garten Eden. So verliert das Leben des Menschen seinen paradiesischen Charakter und ist seither gezeichnet von Mühsal und Schmerzen. *(1. Mose 3)*

Dieses Leben »jenseits von Eden« (so der Titel des berühmten Romans von John Steinbeck) ist gekennzeichnet von Gewalt, Bosheit und Überheblichkeit, wie sogleich an der Geschichte von Kains Brudermord deutlich wird. Manches bleibt hier rätselhaft, etwa, warum Gott Abels Opfer annimmt, Kains aber nicht. Gott scheint Kain auf die Probe zu stellen. Er muss mit einer für ihn unbegreiflichen Verweigerung von Anerkennung fertig werden – ein menschliches Schicksal, das sich bis heute vielfältig wiederholt und an dem Kain scheitert. *(1. Mose 4,1-16)*

Die Schöpfung (1. Mose 1,1–2,4a)

Am Anfang schuf Gott Himmel und Erde. 2 Und die Erde war wüst
und leer, und Finsternis lag auf der Tiefe; und der Geist Gottes
schwebte über dem Wasser.
3 Und Gott sprach: Es werde Licht! Und es ward Licht. 4 Und Gott
sah, dass das Licht gut war. Da schied Gott das Licht von der Fins-

ternis 5 und nannte das Licht Tag und die Finsternis Nacht. Da ward
aus Abend und Morgen der erste Tag.

6 Und Gott sprach: Es werde eine Feste zwischen den Wassern, die
da scheide zwischen den Wassern. 7 Da machte Gott die Feste und
schied das Wasser unter der Feste von dem Wasser über der Feste.
Und es geschah so. 8 Und Gott nannte die Feste Himmel. Da ward
aus Abend und Morgen der zweite Tag.

9 Und Gott sprach: Es sammle sich das Wasser unter dem Him-
mel an *einem* Ort, dass man das Trockene sehe. Und es geschah so.
10 Und Gott nannte das Trockene Erde, und die Sammlung der Was-
ser nannte er Meer. Und Gott sah, dass es gut war. 11 Und Gott sprach:
Es lasse die Erde aufgehen Gras und Kraut, das Samen bringe, und
fruchtbare Bäume, die ein jeder nach seiner Art Früchte tragen, in
denen ihr Same ist auf der Erde. Und es geschah so. 12 Und die Erde
ließ aufgehen Gras und Kraut, das Samen bringt, ein jedes nach seiner
Art, und Bäume, die da Früchte tragen, in denen ihr Same ist, ein jeder
nach seiner Art. Und Gott sah, dass es gut war. 13 Da ward aus Abend
und Morgen der dritte Tag.

14 Und Gott sprach: Es werden Lichter an der Feste des Himmels,
die da scheiden Tag und Nacht. Sie seien Zeichen für Zeiten, Tage
und Jahre 15 und seien Lichter an der Feste des Himmels, dass sie
scheinen auf die Erde. Und es geschah so. 16 Und Gott machte zwei
große Lichter: ein großes Licht, das den Tag regiere, und ein kleines
Licht, das die Nacht regiere, dazu auch die Sterne. 17 Und Gott setzte
sie an die Feste des Himmels, dass sie schienen auf die Erde 18 und
den Tag und die Nacht regierten und schieden Licht und Finsternis.
Und Gott sah, dass es gut war. 19 Da ward aus Abend und Morgen
der vierte Tag.

20 Und Gott sprach: Es wimmle das Wasser von lebendigem Ge-
tier, und Vögel sollen fliegen auf Erden unter der Feste des Him-
mels. 21 Und Gott schuf große Seeungeheuer und alles Getier, das

da lebt und webt, davon das Wasser wimmelt, ein jedes nach seiner
Art, und alle gefiederten Vögel, einen jeden nach seiner Art. Und
Gott sah, dass es gut war. 22 Und Gott segnete sie und sprach: Seid
fruchtbar und mehret euch und erfüllet das Wasser im Meer, und
die Vögel sollen sich mehren auf Erden. 23 Da ward aus Abend und
Morgen der fünfte Tag.

24 Und Gott sprach: Die Erde bringe hervor lebendiges Getier, ein
jedes nach seiner Art: Vieh, Gewürm und Tiere des Feldes, ein jedes
nach seiner Art. Und es geschah so. 25 Und Gott machte die Tiere
des Feldes, ein jedes nach seiner Art, und das Vieh nach seiner Art
und alles Gewürm des Erdbodens nach seiner Art. Und Gott sah,
dass es gut war.

26 Und Gott sprach: Lasset uns Menschen machen, ein Bild, das
uns gleich sei, die da herrschen über die Fische im Meer und über
die Vögel unter dem Himmel und über das Vieh und über die ganze
Erde und über alles Gewürm, das auf Erden kriecht. 27 Und Gott
schuf den Menschen zu seinem Bilde, zum Bilde Gottes schuf er
ihn; und schuf sie als Mann und Frau. 28 Und Gott segnete sie und
sprach zu ihnen: Seid fruchtbar und mehret euch und füllet die
Erde und machet sie euch untertan und herrschet über die Fische
im Meer und über die Vögel unter dem Himmel und über alles Ge-
tier, das auf Erden kriecht. 29 Und Gott sprach: Sehet da, ich habe
euch gegeben alle Pflanzen, die Samen bringen, auf der ganzen Erde,
und alle Bäume mit Früchten, die Samen bringen, zu eurer Speise.
30 Aber allen Tieren auf Erden und allen Vögeln unter dem Himmel
und allem Gewürm, das auf Erden lebt, habe ich alles grüne Kraut
zur Nahrung gegeben. Und es geschah so. 31 Und Gott sah an alles,
was er gemacht hatte, und siehe, es war sehr gut. Da ward aus Abend
und Morgen der sechste Tag.

2 So wurden vollendet Himmel und Erde mit ihrem ganzen
Heer. 2 Und so vollendete Gott am siebenten Tage seine Werke,

die er machte, und ruhte am siebenten Tage von allen seinen Wer-
ken, die er gemacht hatte. [3] Und Gott segnete den siebenten Tag
und heiligte ihn, weil er an ihm ruhte von allen seinen Werken, die
Gott geschaffen und gemacht hatte.

[4] Dies ist die Geschichte von Himmel und Erde, da sie geschaffen
wurden.

Der Garten Eden (1. Mose 2,4b-25)

Es war zu der Zeit, da Gott der HERR Erde und Himmel machte.
[5] Und alle die Sträucher auf dem Felde waren noch nicht auf Erden,
und all das Kraut auf dem Felde war noch nicht gewachsen. Denn
Gott der HERR hatte noch nicht regnen lassen auf Erden, und kein
Mensch war da, der das Land bebaute; [6] aber ein Strom stieg aus der
Erde empor und tränkte alles Land. [7] Da machte Gott der HERR den
Menschen aus Staub von der Erde und blies ihm den Odem des Le-
bens in seine Nase. Und so ward der Mensch ein lebendiges Wesen.
[8] Und Gott der HERR pflanzte einen Garten in Eden gegen Osten hin
und setzte den Menschen hinein, den er gemacht hatte. [9] Und Gott
der HERR ließ aufwachsen aus der Erde allerlei Bäume, verlockend
anzusehen und gut zu essen, und den Baum des Lebens mitten im
Garten und den Baum der Erkenntnis des Guten und Bösen.

[10] Und es geht aus von Eden ein Strom, den Garten zu bewässern,
und teilt sich von da in vier Hauptarme. [11] Der erste heißt Pischon, der
fließt um das ganze Land Hawila und dort findet man Gold; [12] und
das Gold des Landes ist kostbar. Auch findet man da Bedolachharz
und den Edelstein Schoham. [13] Der zweite Strom heißt Gihon, der
fließt um das ganze Land Kusch. [14] Der dritte Strom heißt Tigris, der
fließt östlich von Assyrien. Der vierte Strom ist der Euphrat.

[15] Und Gott der HERR nahm den Menschen und setzte ihn in den
Garten Eden, dass er ihn bebaute und bewahrte. [16] Und Gott der
HERR gebot dem Menschen und sprach: Du darfst essen von allen

Bäumen im Garten, 17 aber von dem Baum der Erkenntnis des Gu-
ten und Bösen sollst du nicht essen; denn an dem Tage, da du von
ihm isst, musst du des Todes sterben.

18 Und Gott der HERR sprach: Es ist nicht gut, dass der Mensch
allein sei; ich will ihm eine Hilfe machen, die ihm entspricht. 19 Und
Gott der HERR machte aus Erde alle die Tiere auf dem Felde und
alle die Vögel unter dem Himmel und brachte sie zu dem Menschen,
dass er sähe, wie er sie nennte; denn wie der Mensch jedes Tier nen-
nen würde, so sollte es heißen. 20 Und der Mensch gab einem jeden
Vieh und Vogel unter dem Himmel und Tier auf dem Felde seinen
Namen; aber für den Menschen wurde keine Hilfe gefunden, die
ihm entsprach.

21 Da ließ Gott der HERR einen tiefen Schlaf fallen auf den Men-
schen, und er schlief ein. Und er nahm eine seiner Rippen und
schloss die Stelle mit Fleisch. 22 Und Gott der HERR baute eine Frau
aus der Rippe, die er von dem Menschen nahm, und brachte sie zu
ihm. 23 Da sprach der Mensch: Die ist nun Bein von meinem Bein
und Fleisch von meinem Fleisch; man wird sie Männin nennen,
weil sie vom Manne genommen ist. 24 Darum wird ein Mann sei-
nen Vater und seine Mutter verlassen und seiner Frau anhangen,
und sie werden sein *ein* Fleisch. 25 Und sie waren beide nackt, der
Mensch und seine Frau, und schämten sich nicht.

Der Sündenfall (1. Mose 3)

Und die Schlange war listiger als alle Tiere auf dem Felde, die
Gott der HERR gemacht hatte, und sprach zu der Frau: Ja, sollte
Gott gesagt haben: Ihr sollt nicht essen von allen Bäumen im
Garten? 2 Da sprach die Frau zu der Schlange: Wir essen von
den Früchten der Bäume im Garten; 3 aber von den Früchten des
Baumes mitten im Garten hat Gott gesagt: Esset nicht davon,
rühret sie auch nicht an, dass ihr nicht sterbet! 4 Da sprach die

Schlange zur Frau: Ihr werdet keineswegs des Todes sterben,
5 sondern Gott weiß: an dem Tage, da ihr davon esst, werden eure
Augen aufgetan, und ihr werdet sein wie Gott und wissen, was
gut und böse ist. 6 Und die Frau sah, dass von dem Baum gut zu
essen wäre und dass er eine Lust für die Augen wäre und verlo-
ckend, weil er klug machte. Und sie nahm von seiner Frucht und
aß und gab ihrem Mann, der bei ihr war, auch davon und er aß.
7 Da wurden ihnen beiden die Augen aufgetan und sie wurden ge-
wahr, dass sie nackt waren, und flochten Feigenblätter zusammen
und machten sich Schurze.

8 Und sie hörten Gott den HERRN, wie er im Garten ging, als
der Tag kühl geworden war. Und Adam versteckte sich mit seiner
Frau vor dem Angesicht Gottes des HERRN zwischen den Bäu-
men im Garten. 9 Und Gott der HERR rief Adam und sprach zu
ihm: Wo bist du? 10 Und er sprach: Ich hörte dich im Garten und
fürchtete mich; denn ich bin nackt, darum versteckte ich mich.
11 Und er sprach: Wer hat dir gesagt, dass du nackt bist? Hast du
gegessen von dem Baum, von dem ich dir gebot, du solltest nicht
davon essen? 12 Da sprach Adam: Die Frau, die du mir zugesellt
hast, gab mir von dem Baum und ich aß. 13 Da sprach Gott der
HERR zur Frau: Warum hast du das getan? Die Frau sprach: Die
Schlange betrog mich, sodass ich aß.

14 Da sprach Gott der HERR zu der Schlange: Weil du das getan
hast, seist du verflucht vor allem Vieh und allen Tieren auf dem
Felde. Auf deinem Bauche sollst du kriechen und Staub fressen dein
Leben lang. 15 Und ich will Feindschaft setzen zwischen dir und der
Frau und zwischen deinem Samen und ihrem Samen; er wird dir
den Kopf zertreten, und du wirst ihn in die Ferse stechen.

16 Und zur Frau sprach er: Ich will dir viel Mühsal schaffen, wenn
du schwanger wirst; unter Mühen sollst du Kinder gebären. Und dein
Verlangen soll nach deinem Mann sein, aber er soll dein Herr sein.

17 Und zum Mann sprach er: Weil du gehorcht hast der Stimme
deiner Frau und gegessen von dem Baum, von dem ich dir gebot
und sprach: Du sollst nicht davon essen – verflucht sei der Acker
um deinetwillen! Mit Mühsal sollst du dich von ihm nähren dein
Leben lang. 18 Dornen und Disteln soll er dir tragen, und du sollst
das Kraut auf dem Felde essen. 19 Im Schweiße deines Angesichts
sollst du dein Brot essen, bis du wieder zu Erde wirst, davon du ge-
nommen bist. Denn Staub bist du und zum Staub kehrst du zurück.

20 Und Adam nannte seine Frau Eva; denn sie wurde die Mutter
aller, die da leben. 21 Und Gott der HERR machte Adam und seiner
Frau Röcke von Fellen und zog sie ihnen an. 22 Und Gott der HERR
sprach: Siehe, der Mensch ist geworden wie unsereiner und weiß,
was gut und böse ist. Nun aber, dass er nur nicht ausstrecke seine
Hand und nehme auch von dem Baum des Lebens und esse und lebe
ewiglich! 23 Da wies ihn Gott der HERR aus dem Garten Eden, dass
er die Erde bebaute, von der er genommen war. 24 Und er trieb den
Menschen hinaus und ließ lagern vor dem Garten Eden die Cheru-
bim mit dem flammenden, blitzenden Schwert, zu bewachen den
Weg zu dem Baum des Lebens.

Der Brudermord (1. Mose 4,1-16)

Und Adam erkannte seine Frau Eva, und sie ward schwanger und
gebar den Kain und sprach: Ich habe einen Mann gewonnen mit-
hilfe des HERRN. 2 Danach gebar sie Abel, seinen Bruder. Und Abel
wurde ein Schäfer, Kain aber wurde ein Ackermann.

3 Es begab sich aber nach etlicher Zeit, dass Kain dem HERRN
Opfer brachte von den Früchten des Feldes. 4 Und auch Abel brachte
von den Erstlingen seiner Herde und von ihrem Fett. Und der HERR
sah gnädig an Abel und sein Opfer, 5 aber Kain und sein Opfer sah er
nicht gnädig an. Da ergrimmte Kain sehr und senkte finster seinen

Blick. [6] Da sprach der HERR zu Kain: Warum ergrimmst du? Und
warum senkst du deinen Blick? [7] Ist's nicht so: Wenn du fromm bist,
so kannst du frei den Blick erheben. Bist du aber nicht fromm, so
lauert die Sünde vor der Tür, und nach dir hat sie Verlangen; du aber
herrsche über sie. [8] Da sprach Kain zu seinem Bruder Abel: Lass uns
aufs Feld gehen! Und es begab sich, als sie auf dem Felde waren, er-
hob sich Kain wider seinen Bruder Abel und schlug ihn tot.

[9] Da sprach der HERR zu Kain: Wo ist dein Bruder Abel? Er
sprach: Ich weiß nicht; soll ich meines Bruders Hüter sein? [10] Er aber
sprach: Was hast du getan? Die Stimme des Blutes deines Bruders
schreit zu mir von der Erde. [11] Und nun: Verflucht seist du auf der
Erde, die ihr Maul hat aufgetan und deines Bruders Blut von deinen
Händen empfangen. [12] Wenn du den Acker bebauen wirst, soll er dir
hinfort seinen Ertrag nicht geben. Unstet und flüchtig sollst du sein
auf Erden.

[13] Kain aber sprach zu dem HERRN: Meine Schuld ist zu schwer,
als dass ich sie tragen könnte. [14] Siehe, du treibst mich heute vom
Acker, und ich muss mich vor deinem Angesicht verbergen und
muss unstet und flüchtig sein auf Erden. So wird mir's gehen, dass
mich totschlägt, wer mich findet. [15] Aber der HERR sprach zu ihm:
Nein, sondern wer Kain totschlägt, das soll siebenfältig gerächt wer-
den. Und der HERR machte ein Zeichen an Kain, dass ihn niemand
erschlüge, der ihn fände. [16] So ging Kain hinweg von dem Angesicht
des HERRN und wohnte im Lande Nod, jenseits von Eden, gegen
Osten.

Untergang und Neubeginn

Die um sich greifende Bosheit lässt Gott verzweifeln. Die Bibel schildert den Schöpfer mit menschlichen Zügen und lässt ihn in seiner Enttäuschung zu einem drastischen Mittel greifen: Durch eine Sintflut löscht er fast alles Leben auf der Erde aus und versetzt diese geradezu in den Urzustand zurück. Nur Noah, seine Familie und jene weiteren Lebewesen überleben, die er in einem »Kasten von Tannenholz«, der Arche, in Sicherheit bringt. So markiert diese Geschichte das Ende einer ersten Epoche der Menschheit. Das Neue an der nach-sintflutlichen Welt ist insbesondere der unverbrüchliche Bund Gottes mit der ganzen Schöpfung, der ihr – ohne jede Gegenleistung, denn die Menschen sind ja nicht besser geworden – dauerhaften Bestand gewährt. Als Zeichen dafür lässt Gott den Regenbogen am Himmel erscheinen.
(1. Mose 6,5–9,17)

Trotz dieses Neubeginns ist also nicht alles gut. Der Mensch bleibt weiter der Gefahr ausgesetzt, die ihm gesetzten Grenzen zu überschreiten. Das zeigt die Geschichte vom Turmbau zu Babel. Der Turm wird zum Sinnbild der anmaßenden Macht der Menschen, die noch durch eine gemeinsame Sprache miteinander verbunden sind und hier das letzte Mal als eine große Einheit auftreten. Erneut muss Gott ihnen Grenzen setzen. Er tut dies, indem er zwischen ihnen Sprach- und Verstehensbarrieren schafft. *(1. Mose 11,1-9)*

Die Sintflut (1. Mose 6,5–9,17)

Als aber der HERR sah, dass der Menschen Bosheit groß war auf
Erden und alles Dichten und Trachten ihres Herzens nur böse war
immerdar, 6 da reute es den HERRN, dass er die Menschen gemacht
hatte auf Erden, und es bekümmerte ihn in seinem Herzen, 7 und er
sprach: Ich will die Menschen, die ich geschaffen habe, vertilgen von
der Erde, vom Menschen an bis hin zum Vieh und bis zum Gewürm
und bis zu den Vögeln unter dem Himmel; denn es reut mich, dass
ich sie gemacht habe. 8 Aber Noah fand Gnade vor dem HERRN.

9 Dies ist die Geschichte von Noahs Geschlecht. Noah war ein
frommer Mann und ohne Tadel zu seinen Zeiten; er wandelte mit
Gott. 10 Und Noah zeugte drei Söhne: Sem, Ham und Jafet. 11 Aber
die Erde war verderbt vor Gott und voller Frevel. 12 Da sah Gott auf
die Erde, und siehe, sie war verderbt; denn alles Fleisch hatte seinen
Weg verderbt auf Erden.

13 Da sprach Gott zu Noah: Das Ende allen Fleisches ist bei mir
beschlossen, denn die Erde ist voller Frevel von ihnen; und siehe, ich
will sie verderben mit der Erde. 14 Mache dir einen
Kasten von Tannenholz und mache Kammern darin
und verpiche ihn mit Pech innen und außen. 15 Und
mache ihn so: Dreihundert Ellen sei die Länge, fünf-
zig Ellen die Breite und dreißig Ellen die Höhe. 16 Ein
Fenster sollst du für den Kasten machen obenan, eine Elle groß. Die
Tür sollst du mitten in seine Seite setzen. Und er soll drei Stock-
werke haben, eines unten, das zweite in der Mitte, das dritte oben.

Ein »Kasten von Tannenholz«: die Arche

17 Denn siehe, ich will eine Sintflut kommen lassen auf Erden, zu
verderben alles Fleisch, darin Odem des Lebens ist, unter dem Him-
mel. Alles, was auf Erden ist, soll untergehen. 18 Aber mit dir will
ich meinen Bund aufrichten, und du sollst in die Arche gehen mit
deinen Söhnen, mit deiner Frau und mit den Frauen deiner Söhne.

19 Und du sollst in die Arche bringen von allen Tieren, von allem
Fleisch, je ein Paar, Männchen und Weibchen, dass sie leben blei-
ben mit dir. 20 Von den Vögeln nach ihrer Art, von dem Vieh nach
seiner Art und von allem Gewürm auf Erden nach seiner Art: Von
den allen soll je ein Paar zu dir hineingehen, dass sie leben bleiben.
21 Und du sollst dir von jeder Speise nehmen, die gegessen wird, und
sollst sie bei dir sammeln, dass sie dir und ihnen zur Nahrung diene.
22 Und Noah tat alles, was ihm Gott gebot.

7 Und der HERR sprach zu Noah: Geh in die Arche, du und dein
ganzes Haus; denn dich habe ich für gerecht befunden vor mir zu
dieser Zeit. 2 Von allen reinen Tieren nimm zu dir je sieben, das
Männchen und sein Weibchen, von den unreinen Tieren aber je ein
Paar, das Männchen und sein Weibchen. 3 Desgleichen von den Vö-
geln unter dem Himmel je sieben, Männchen und Weibchen, um
Nachkommen am Leben zu erhalten auf der ganzen Erde. 4 Denn
von heute an in sieben Tagen will ich regnen lassen auf Erden vier-
zig Tage und vierzig Nächte und vertilgen von dem Erdboden alles
Lebendige, das ich gemacht habe.

5 Und Noah tat alles, was ihm der HERR gebot. 6 Er war aber sechs-
hundert Jahre alt, als die Sintflut auf Erden kam. 7 Und er ging in die
Arche mit seinen Söhnen, seiner Frau und den Frauen seiner Söhne
vor den Wassern der Sintflut. 8 Von den reinen Tieren und von den
unreinen, von den Vögeln und von allem Gewürm auf Erden 9 gin-
gen sie zu ihm in die Arche paarweise, je ein Männchen und Weib-
chen, wie ihm Gott geboten hatte.

10 Und als die sieben Tage vergangen waren, kamen die Wasser der
Sintflut auf Erden. 11 In dem sechshundertsten Lebensjahr Noahs
am siebzehnten Tag des zweiten Monats, an diesem Tag brachen alle
Brunnen der großen Tiefe auf und taten sich die Fenster des Him-
mels auf, 12 und ein Regen kam auf Erden vierzig Tage und vierzig

Nächte. 13 An ebendiesem Tage ging Noah in die Arche mit Sem,
Ham und Jafet, seinen Söhnen, und mit seiner Frau und den drei
Frauen seiner Söhne; 14 dazu alles wilde Getier nach seiner Art, alles
Vieh nach seiner Art, alles Gewürm, das auf Erden kriecht, nach
seiner Art und alle Vögel nach ihrer Art, alles, was fliegen konnte,
alles, was Fittiche hatte; 15 das ging alles zu Noah in die Arche paar-
weise, von allem Fleisch, darin Odem des Lebens war. 16 Und das
waren Männchen und Weibchen von allem Fleisch, und sie gingen
hinein, wie denn Gott ihm geboten hatte. Und der HERR schloss
hinter ihm zu.

Vierzig Tage Sintflut

17 Und die Sintflut war vierzig Tage auf Erden, und die Wasser
wuchsen und hoben die Arche auf und trugen sie empor über die
Erde. 18 Und die Wasser nahmen überhand und
wuchsen sehr auf Erden, und die Arche fuhr auf den
Wassern. 19 Und die Wasser nahmen überhand und
wuchsen so sehr auf Erden, dass alle hohen Berge unter dem ganzen
Himmel bedeckt wurden. 20 Fünfzehn Ellen hoch gingen die Wasser
über die Berge, sodass sie ganz bedeckt wurden.

21 Da ging alles Fleisch unter, das sich auf Erden regte, an Vögeln,
an Vieh, an wildem Getier und an allem, was da wimmelte auf Er-
den, und alle Menschen. 22 Alles, was Odem des Lebens hatte auf
dem Trockenen, das starb. 23 So vertilgte er alles, was auf dem Erd-
boden war, vom Menschen an bis hin zum Vieh und zum Gewürm
und zu den Vögeln unter dem Himmel. Sie wurden von der Erde
vertilgt. Allein Noah blieb übrig und was mit ihm in der Arche war.
24 Und die Wasser wuchsen gewaltig auf Erden hundertfünfzig Tage.

8 Da gedachte Gott an Noah und an alles wilde Getier und an alles
Vieh, das mit ihm in der Arche war; und Gott ließ Wind auf Erden
kommen, und die Wasser fielen. 2 Und die Brunnen der Tiefe wur-
den verstopft samt den Fenstern des Himmels, und dem Regen vom

Himmel wurde gewehrt. 3 Da verliefen sich die Wasser von der Erde
und nahmen immer mehr ab nach hundertfünfzig Tagen. 4 Am sieb-
zehnten Tag des siebenten Monats setzte die Arche auf dem Gebirge
Ararat auf. 5 Es nahmen aber die Wasser immer mehr ab bis auf den
zehnten Monat. Am ersten Tage des zehnten Monats sahen die Spit-
zen der Berge hervor.

6 Nach vierzig Tagen tat Noah an der Arche das Fenster auf, das er
gemacht hatte, 7 und ließ einen Raben ausfliegen; der flog immer hin
und her, bis die Wasser vertrockneten auf Erden. 8 Danach ließ er
eine Taube ausfliegen, um zu erfahren, ob die Wasser sich verlaufen
hätten auf Erden. 9 Da aber die Taube nichts fand, wo ihr Fuß ruhen
konnte, kam sie wieder zu ihm in die Arche; denn noch war Wasser
auf dem ganzen Erdboden. Da tat er die Hand heraus und nahm sie
zu sich in die Arche. 10 Da harrte er noch weitere sieben Tage und
ließ abermals die Taube fliegen aus der Arche. 11 Sie

Die Taube mit dem Ölblatt

kam zu ihm um die Abendzeit, und siehe, sie hatte
ein frisches Ölblatt in ihrem Schnabel. Da merkte
Noah, dass die Wasser sich verlaufen hatten auf Er-
den. 12 Aber er harrte noch weitere sieben Tage und ließ die Taube
ausfliegen; sie kam nicht wieder zu ihm.

13 Im sechshundertundersten Jahr Noahs am ersten Tage des ers-
ten Monats waren die Wasser vertrocknet auf Erden. Da tat Noah
das Dach von der Arche und sah, dass der Erdboden trocken war.
14 Und am siebenundzwanzigsten Tage des zweiten Monats war die
Erde ganz trocken. 15 Da redete Gott mit Noah und sprach: 16 Geh
aus der Arche, du und deine Frau, deine Söhne und die Frauen dei-
ner Söhne mit dir. 17 Alles Getier, das bei dir ist, von allem Fleisch,
an Vögeln, an Vieh und allem Gewürm, das auf Erden kriecht, das
lass mit dir herausgehen, dass sie sich regen auf Erden und fruchtbar
seien und sich mehren auf Erden. 18 So ging Noah heraus mit seinen

Söhnen und mit seiner Frau und den Frauen seiner Söhne, 19 dazu
alles wilde Getier, alles Vieh, alle Vögel und alles Gewürm, das auf
Erden kriecht; das ging aus der Arche, ein jedes mit seinesgleichen.

20 Noah aber baute dem HERRN einen Altar und nahm von allem
reinen Vieh und von allen reinen Vögeln und opferte Brandopfer
auf dem Altar. 21 Und der HERR roch den lieblichen Geruch und
sprach in seinem Herzen: Ich will hinfort nicht mehr die Erde ver-
fluchen um der Menschen willen; denn das Dichten und Trachten
des menschlichen Herzens ist böse von Jugend auf. Und ich will hin-
fort nicht mehr schlagen alles, was da lebt, wie ich getan habe. 22 So-
lange die Erde steht, soll nicht aufhören Saat und Ernte, Frost und
Hitze, Sommer und Winter, Tag und Nacht.

9 Und Gott segnete Noah und seine Söhne und sprach: Seid
fruchtbar und mehret euch und füllet die Erde. 2 Furcht und Schre-
cken vor euch sei über allen Tieren auf Erden und über allen Vögeln
unter dem Himmel, über allem, was auf dem Erdboden wimmelt,
und über allen Fischen im Meer; in eure Hände seien sie gegeben.
3 Alles, was sich regt und lebt, das sei eure Speise; wie das grüne
Kraut habe ich's euch alles gegeben. 4 Allein das Fleisch mit seinem
Leben, seinem Blut, esst nicht! 5 Euer eigenes Blut jedoch will ich
einfordern. Von jedem Tier will ich es einfordern. Und das Leben
des Menschen will ich einfordern von einem jeden anderen Men-
schen. 6 Wer Menschenblut vergießt, dessen Blut soll um des Men-
schen willen vergossen werden; denn Gott hat den Menschen zu
seinem Bilde gemacht. 7 Seid fruchtbar und mehret euch und reget
euch auf Erden, dass euer viel darauf werden.

Der Noahbund

8 Und Gott sagte zu Noah und seinen Söhnen mit
ihm: 9 Siehe, ich richte mit euch einen Bund auf und
mit euren Nachkommen 10 und mit allem lebendigen Getier bei
euch, an Vögeln, an Vieh und an allen Tieren auf Erden bei euch,

von allem, was aus der Arche gegangen ist, was für Tiere es sind auf
Erden. 11 Und ich richte meinen Bund so mit euch auf, dass hinfort
nicht mehr alles Fleisch ausgerottet werden soll durch die Wasser
der Sintflut und hinfort keine Sintflut mehr kommen soll, die die
Erde verderbe.

12 Und Gott sprach: Das ist das Zeichen des Bundes, den ich ge-
schlossen habe zwischen mir und euch und allem lebendigen Getier
bei euch auf ewig: 13 Meinen Bogen habe ich gesetzt in die Wolken;
der soll das Zeichen sein des Bundes zwischen mir und der Erde.
14 Und wenn es kommt, dass ich Wetterwolken über die Erde führe,
so soll man meinen Bogen sehen in den Wolken. 15 Alsdann will ich
gedenken an meinen Bund zwischen mir und euch und allem leben-
digen Getier unter allem Fleisch, dass hinfort keine Sintflut mehr
komme, die alles Fleisch verderbe. 16 Darum soll mein Bogen in den
Wolken sein, dass ich ihn ansehe und gedenke an den ewigen Bund
zwischen Gott und allem lebendigen Getier unter allem Fleisch, das
auf Erden ist. 17 Und Gott sagte zu Noah: Das sei das Zeichen des
Bundes, den ich aufgerichtet habe zwischen mir und allem Fleisch
auf Erden.

Der Turmbau zu Babel (1. Mose 11,1-9)

Es hatte aber alle Welt einerlei Zunge und Sprache. 2 Als sie nun
von Osten aufbrachen, fanden sie eine Ebene im Lande Schinar
und wohnten daselbst. 3 Und sie sprachen untereinander: Wohlauf,
lasst uns Ziegel streichen und brennen! – und nahmen Ziegel als
Stein und Erdharz als Mörtel 4 und sprachen: Wohlauf, lasst uns
eine Stadt und einen Turm bauen, dessen Spitze bis an den Himmel
reiche, dass wir uns einen Namen machen; denn wir werden sonst
zerstreut über die ganze Erde.

5 Da fuhr der Herr hernieder, dass er sähe die Stadt und den
Turm, die die Menschenkinder bauten. 6 Und der Herr sprach:

Siehe, es ist einerlei Volk und einerlei Sprache unter ihnen allen und
dies ist der Anfang ihres Tuns; nun wird ihnen nichts mehr ver-
wehrt werden können von allem, was sie sich vorgenommen haben
zu tun. 7 Wohlauf, lasst uns herniederfahren und dort ihre Sprache
verwirren, dass keiner des andern Sprache verstehe!

8 So zerstreute sie der HERR von dort über die ganze Erde, dass
sie aufhören mussten, die Stadt zu bauen. 9 Daher heißt ihr Name
Babel, weil der HERR daselbst verwirrt hat aller Welt Sprache und
sie von dort zerstreut hat über die ganze Erde.

Väter und Mütter Israels

Der Beginn des 12. Kapitels der Bibel markiert einen Einschnitt. Bisher hatten die Geschichten, obwohl sie von einzelnen, exemplarischen Menschen handeln, eine universale Dimension. In der Person Abrahams (zunächst noch Abram genannt) begegnet nun der erste der sogenannten »Väter« Israels. Damit wird eine Brücke geschlagen zur Geschichte des Volkes Israel, von der letztlich das ganze weitere Alte Testament handelt. Am Anfang steht die Berufung Abrahams, der auf Gottes Wort hin seine Heimat verlässt und »in ein Land, das ich dir zeigen will«, zieht. Er soll zu einem großen Volk werden – es ist das Volk Israel, auch wenn der Name hier noch nicht fällt. Und doch bleiben auch die anderen Völker (»alle Geschlechter«) im Blick, denn sie haben Anteil an dem Segen, der Abraham gilt. *(1. Mose 12,1-9)*

Jedoch: Abraham und seiner Frau Sara wird viel Geduld abverlangt, denn der verheißene Nachwuchs stellt sich lange nicht ein. Sie werden kinderlos miteinander alt. Als es nach menschlicher Erfahrung schon zu spät ist, bekommen sie Besuch von drei geheimnisvollen Männern, in denen sich letztlich Gott selbst verbirgt und durch die er seine Verheißung erneuert. *(1.Mose 18,1-15)*

Direkt danach ändert sich die Perspektive wieder und es ist von zwei Städten die Rede, die bis heute sprichwörtlich für Bosheit und Verkommenheit stehen: Sodom und Gomorra.

In Gestalt zweier Engel – gemeint sind zwei der drei Männer, die zuvor Abraham und Sara besucht hatten – besucht Gott selbst Sodom und ist dort bei einem Bewohner namens Lot zu Gast, einem Neffen von Abraham. So groß die Gastfreundschaft war, die sie bei Abraham und Sara erfahren haben und jetzt auch bei Lot, so niederträchtig gehen die Sodomiter mit ihnen um. Ihre Strafe folgt auf dem Fuße. *(1. Mose 19,1-29)*

Zwei Generationen später geraten zwei Enkel Abrahams miteinander in Konflikt: Jakob, der später geborene, erschleicht sich listenreich den Segen des Vaters Isaak, der eigentlich dem zuerst geborenen Esau zugestanden hätte. Die Initiative liegt dabei bei der Mutter der beiden, Rebekka. Das zeigt, ebenso wie zuvor die herausgehobene Rolle von Sara, dass man diesem Teil der Bibel unrecht tut, wenn man von »Erzvätergeschichten« spricht, wie es oft geschieht. Nein, es geht um die »Erzeltern« Israels, Männer wie Frauen. *(1. Mose 27,1-40)*

Es verwundert kaum, dass Esaus Zorn auf Jakob so groß ist, dass dieser aus dem Land seiner Eltern fliehen muss. Auf seiner Flucht hat Jakob einen wunderbaren Traum, in dem die unüberbrückbare Distanz zwischen Himmel und Erde überwunden ist und beide durch eine »Himmelsleiter« miteinander verbunden sind. *(1. Mose 28,10-22)*

Die Berufung Abrahams (1. Mose 12,1-9)

Und der HERR sprach zu Abram: Geh aus deinem Vaterland und von deiner Verwandtschaft und aus deines Vaters Hause in ein

Land, das ich dir zeigen will. 2 Und ich will dich zum großen Volk
machen und will dich segnen und dir einen großen Namen machen,
und du sollst ein Segen sein. 3 Ich will segnen, die dich segnen, und
verfluchen, die dich verfluchen; und in dir sollen gesegnet werden
alle Geschlechter auf Erden.

4 Da zog Abram aus, wie der HERR zu ihm gesagt hatte, und Lot
zog mit ihm. Abram aber war fünfundsiebzig Jahre alt, als er aus Ha-
ran zog. 5 So nahm Abram Sarai, seine Frau, und Lot, seines Bruders
Sohn, mit aller ihrer Habe, die sie gewonnen hatten, und die Leute,
die sie erworben hatten in Haran, und zogen aus, um ins Land Ka-
naan zu gehen. Und sie kamen in das Land, 6 und Abram durchzog
das Land bis an die Stätte bei Sichem, bis zur Eiche More; es wohn-
ten aber zu der Zeit die Kanaaniter im Lande.

7 Da erschien der HERR dem Abram und sprach: Deinen Nach-
kommen will ich dies Land geben. Und er baute dort einen Altar
dem HERRN, der ihm erschienen war. 8 Danach brach er von dort
auf ins Gebirge östlich von Bethel und schlug sein Zelt auf, sodass
er Bethel im Westen und Ai im Osten hatte, und baute dort dem
HERRN einen Altar und rief den Namen des HERRN an. 9 Danach
zog Abram immer weiter bis ins Südland.

Die Verheißung eines Sohnes für Sara (1. Mose 18,1-15)

Und der HERR erschien ihm im Hain Mamre, während er an der
Tür seines Zeltes saß, als der Tag am heißesten war. 2 Und als er seine
Augen aufhob und sah, siehe, da standen drei Männer vor ihm. Und
als er sie sah, lief er ihnen entgegen von der Tür seines Zeltes und
neigte sich zur Erde 3 und sprach: Herr, hab ich Gnade gefunden
vor deinen Augen, so geh nicht an deinem Knecht vorüber. 4 Man
soll euch ein wenig Wasser bringen, eure Füße zu waschen, und
lasst euch nieder unter dem Baum. 5 Und ich will euch einen Bissen

Brot bringen, dass ihr euer Herz labt; danach mögt ihr weiterzie-
hen. Denn darum seid ihr bei eurem Knecht vorübergekommen. Sie
sprachen: Tu, wie du gesagt hast.

6 Abraham eilte in das Zelt zu Sara und sprach: Eile und menge
drei Maß feines Mehl, knete und backe Brote. 7 Er aber lief zu den
Rindern und holte ein zartes, gutes Kalb und gab's dem Knechte; der
eilte und bereitete es zu. 8 Und er trug Butter und Milch auf und von
dem Kalbe, das er zubereitet hatte, und setzte es ihnen vor und blieb
stehen vor ihnen unter dem Baum, und sie aßen.

9 Da sprachen sie zu ihm: Wo ist Sara, deine Frau? Er antwortete:
Drinnen im Zelt. 10 Da sprach er: Ich will wieder zu dir kommen
übers Jahr; siehe, dann soll Sara, deine Frau, einen Sohn haben. Das
hörte Sara hinter ihm, hinter der Tür des Zeltes. 11 Und sie waren
beide, Abraham und Sara, alt und hochbetagt, sodass es Sara nicht
mehr ging nach der Frauen Weise. 12 Darum lachte sie bei sich selbst
und sprach: Nun, da ich alt bin, soll ich noch Liebeslust erfahren,
und auch mein Herr ist alt!

13 Da sprach der Herr zu Abraham: Warum lacht Sara und
spricht: Sollte ich wirklich noch gebären, nun, da ich alt bin? 14 Sollte
dem Herrn etwas unmöglich sein? Um diese Zeit will ich wieder
zu dir kommen übers Jahr; dann soll Sara einen Sohn haben. 15 Da
leugnete Sara und sprach: Ich habe nicht gelacht –, denn sie fürch-
tete sich. Aber er sprach: Es ist nicht so, du hast gelacht.

Sodom und Gomorra (1. Mose 19,1-29)

Die zwei Engel kamen nach Sodom am Abend; Lot aber saß zu So-
dom unter dem Tor. Und als er sie sah, stand er auf, ging ihnen ent-
gegen und neigte sich bis zur Erde 2 und sprach: Siehe, liebe Herren,
kehrt doch ein im Hause eures Knechts, bleibt über Nacht und lasst
eure Füße waschen. Frühmorgens mögt ihr aufbrechen und eure

Straße ziehen. Aber sie sprachen: Nein, wir wollen über Nacht im
Freien bleiben. 3 Da nötigte er sie sehr und sie kehrten zu ihm ein
und kamen in sein Haus. Und er machte ihnen ein Mahl und backte
ungesäuerte Brote, und sie aßen.

4 Aber ehe sie sich legten, kamen die Männer der Stadt Sodom
und umgaben das Haus, Jung und Alt, das ganze Volk aus allen En-
den, 5 und riefen Lot und sprachen zu ihm: Wo sind die Männer, die
zu dir gekommen sind diese Nacht? Gib sie heraus, dass wir ihnen
beiwohnen. 6 Lot ging heraus zu ihnen vor die Tür und schloss die
Tür hinter sich zu 7 und sprach: Ach, liebe Brüder, tut nicht so übel!
8 Siehe, ich habe zwei Töchter, die wissen noch von keinem Manne;
die will ich euch herausgeben, und dann tut mit ihnen, was euch ge-
fällt; aber diesen Männern tut nichts, denn darum sind sie unter den
Schatten meines Dachs gekommen.

9 Sie aber sprachen: Weg mit dir! Und sprachen auch: Du bist der
einzige Fremdling hier und willst regieren? Wohlan, wir wollen dich
noch übler plagen als jene. Und sie drangen hart ein auf den Mann
Lot. Doch als sie hinzuliefen und die Tür aufbrechen wollten, 10 grif-
fen die Männer hinaus und zogen Lot herein zu sich ins Haus und
schlossen die Tür zu. 11 Und sie schlugen die Leute vor der Tür des
Hauses, Klein und Groß, mit Blindheit, sodass sie sich vergebens
mühten, die Tür zu finden.

12 Und die Männer sprachen zu Lot: Hast du noch jemanden hier?
Einen Schwiegersohn? Deine Söhne und Töchter? Wer noch zu dir
gehört in der Stadt, den führe weg von dieser Stätte. 13 Denn wir
werden diese Stätte verderben, weil das Geschrei über sie groß ist
vor dem HERRN; der hat uns gesandt, sie zu verderben. 14 Da ging
Lot hinaus und redete mit den Männern, die seine Töchter heiraten
sollten: Macht euch auf und geht aus diesem Ort, denn der HERR
wird diese Stadt verderben. Die aber meinten, er scherze.

15 Als nun die Morgenröte aufging, drängten die Engel Lot zur Eile
und sprachen: Mach dich auf, nimm deine Frau und deine beiden
Töchter, die hier sind, damit du nicht auch umkommst in der Misse-
tat dieser Stadt. 16 Als er aber zögerte, ergriffen die Männer ihn und
seine Frau und seine beiden Töchter bei der Hand, weil der HERR
ihn verschonen wollte, und führten ihn hinaus und ließen ihn erst
draußen vor der Stadt wieder los.

17 Und als sie ihn hinausgebracht hatten, sprach der eine: Rette
dein Leben und sieh nicht hinter dich, bleib auch nicht stehen in die-
ser ganzen Gegend. Auf das Gebirge rette dich, damit du nicht um-
kommst! 18 Aber Lot sprach zu ihnen: Ach nein, Herr! 19 Siehe, dein
Knecht hat Gnade gefunden vor deinen Augen, und du hast deine
Barmherzigkeit groß gemacht, die du an mir getan hast, als du mich
am Leben erhieltest. Ich kann mich nicht auf das Gebirge retten; es
könnte mich sonst das Unheil ereilen, sodass ich stürbe. 20 Siehe, da
ist eine Stadt nahe, in die ich fliehen kann, und sie ist klein. Dahin
will ich mich retten, dass ich am Leben bleibe. Ist sie nicht klein?

21 Da sprach er zu ihm: Siehe, ich habe auch darin dich angesehen,
dass ich die Stadt nicht zerstöre, von der du geredet hast. 22 Eile und
rette dich dahin; denn ich kann nichts tun, bis du hineinkommst.
Daher ist diese Stadt Zoar genannt. 23 Und die Sonne war aufgegan-
gen auf Erden, als Lot nach Zoar kam.

24 Da ließ der HERR Schwefel und Feuer regnen vom Himmel
herab auf Sodom und Gomorra 25 und vernichtete die Städte und
die ganze Gegend und alle Einwohner der Städte und was auf dem
Lande gewachsen war. 26 Und Lots Frau sah hinter sich und ward
zur Salzsäule.

27 Abraham aber machte sich früh am Morgen auf an den Ort,
wo er vor dem HERRN gestanden hatte, 28 und wandte sein Ange-
sicht gegen Sodom und Gomorra und alles Land dieser Gegend und

schaute, und siehe, da ging ein Rauch auf vom Lande wie der Rauch von einem Ofen. 29 Und es geschah, als Gott die Städte in der Gegend vernichtete, gedachte er an Abraham und geleitete Lot aus den Städten, die er zerstörte, in denen Lot gewohnt hatte.

Jakob erschleicht den Segen (1. Mose 27,1-40)

Und es begab sich, als Isaak alt geworden war und seine Augen zu schwach zum Sehen wurden, rief er Esau, seinen älteren Sohn, und sprach zu ihm: Mein Sohn! Er aber antwortete ihm: Hier bin ich. 2 Und er sprach: Siehe, ich bin alt geworden und weiß nicht, wann ich sterben werde. 3 So nimm nun dein Gerät, Köcher und Bogen, und geh aufs Feld und jage mir ein Wildbret 4 und mach mir ein Essen, wie ich's gern habe, und bring mir's herein, dass ich esse, auf dass dich meine Seele segne, ehe ich sterbe. 5 Rebekka aber hörte diese Worte, die Isaak zu seinem Sohn Esau sagte. Und Esau ging hin aufs Feld, dass er ein Wildbret jagte und heimbrächte.

6 Da sprach Rebekka zu Jakob, ihrem Sohn: Siehe, ich habe deinen Vater mit Esau, deinem Bruder, reden hören: 7 Bringe mir ein Wildbret und mach mir ein Essen, dass ich esse und dich segne vor dem HERRN, ehe ich sterbe. 8 So höre nun auf mich, mein Sohn, und tu, was ich dich heiße. 9 Geh hin zu der Herde und hole mir zwei gute Böcklein, dass ich deinem Vater ein Essen davon mache, wie er's gerne hat. 10 Das sollst du deinem Vater hineintragen, dass er esse, auf dass er dich segne vor seinem Tod. 11 Jakob aber sprach zu seiner Mutter Rebekka: Siehe, mein Bruder Esau ist behaart, doch ich bin glatt; 12 so könnte vielleicht mein Vater mich betasten, und ich würde vor ihm dastehen, als ob ich ihn betrügen wollte, und brächte über mich einen Fluch und nicht einen Segen. 13 Da sprach seine Mutter zu ihm: Dein Fluch sei auf mir, mein Sohn; gehorche nur meinen Worten, geh und hole mir.

14 Da ging er hin und holte und brachte es seiner Mutter. Da
machte seine Mutter ein Essen, wie es sein Vater gerne hatte, 15 und
nahm Esaus, ihres älteren Sohnes, Feierkleider, die sie bei sich im
Hause hatte, und zog sie Jakob an, ihrem jüngeren Sohn. 16 Aber die
Felle von den Böcklein tat sie ihm um seine Hände und wo er glatt
war am Halse. 17 Und so gab sie das Essen mit dem Brot, wie sie es
gemacht hatte, in die Hand ihres Sohnes Jakob.

18 Und er ging hinein zu seinem Vater und sprach: Mein Vater! Er
antwortete: Hier bin ich. Wer bist du, mein Sohn? 19 Jakob sprach
zu seinem Vater: Ich bin Esau, dein erstgeborener Sohn; ich habe
getan, wie du mir gesagt hast. Richte dich auf, setz dich und iss von
meinem Wildbret, auf dass mich deine Seele segne.

20 Isaak aber sprach zu seinem Sohn: Wie hast du so bald gefun-
den, mein Sohn? Er antwortete: Der HERR, dein Gott, bescherte
mir's. 21 Da sprach Isaak zu Jakob: Tritt herzu, mein Sohn, dass ich
dich betaste, ob du mein Sohn Esau bist oder nicht. 22 So trat Ja-
kob zu seinem Vater Isaak. Und als er ihn betastet hatte, sprach er:
Die Stimme ist Jakobs Stimme, aber die Hände sind Esaus Hände.
23 Und er erkannte ihn nicht; denn seine Hände waren behaart wie
Esaus, seines Bruders, Hände.

Und er segnete ihn 24 und sprach: Bist du mein Sohn Esau? Er
antwortete: Ja, ich bin's. 25 Da sprach er: So bringe mir her, ich will
essen vom Wildbret meines Sohnes, dass dich meine Seele segne.
Da brachte er's ihm und er aß; und er trug ihm auch Wein hinein
und er trank.

26 Und Isaak, sein Vater, sprach zu ihm: Komm her und küsse mich,
mein Sohn! 27 Er trat hinzu und küsste ihn. Da roch er den Geruch
seiner Kleider und segnete ihn und sprach: Siehe, der Geruch meines
Sohnes ist wie der Geruch des Feldes, das der HERR gesegnet hat.
28 Gott gebe dir vom Tau des Himmels und vom Fett der Erde und

Korn und Wein die Fülle. 29 Völker sollen dir dienen, und Stämme
sollen dir zu Füßen fallen. Sei ein Herr über deine Brüder, und deiner
Mutter Söhne sollen dir zu Füßen fallen. Verflucht sei, wer dir flucht;
gesegnet sei, wer dich segnet!

30 Als nun Isaak den Segen über Jakob vollendet hatte und Jakob
kaum hinausgegangen war von seinem Vater Isaak, da kam Esau, sein
Bruder, von seiner Jagd 31 und machte auch ein Essen und trug's hinein
zu seinem Vater und sprach zu ihm: Richte dich auf, mein Vater, und
iss von dem Wildbret deines Sohnes, dass mich deine Seele segne.

32 Da antwortete ihm Isaak, sein Vater: Wer bist du? Er sprach: Ich
bin Esau, dein erstgeborener Sohn. 33 Da entsetzte sich Isaak über
die Maßen sehr und sprach: Wer? Wo ist denn der Jäger, der mir ge-
bracht hat, und ich habe von allem gegessen, ehe du kamst, und hab
ihn gesegnet? Er wird auch gesegnet bleiben.

34 Als Esau diese Worte seines Vaters hörte, schrie er laut und wurde
über die Maßen sehr betrübt und sprach zu seinem Vater: Segne mich
auch, mein Vater! 35 Er aber sprach: Dein Bruder ist gekommen mit
List und hat deinen Segen weggenommen. 36 Da sprach er: Er heißt
mit Recht Jakob, denn er hat mich nun zweimal überlistet. Meine
Erstgeburt hat er genommen und siehe, nun nimmt er auch meinen
Segen. Und er sprach: Hast du mir denn keinen Segen vorbehalten?

37 Isaak antwortete und sprach zu ihm: Ich habe ihn zum Herrn
über dich gesetzt, und alle seine Brüder hab ich ihm zu Knechten
gemacht, mit Korn und Wein hab ich ihn versehen; was soll ich nun
dir noch tun, mein Sohn? 38 Esau sprach zu seinem Vater: Hast du
denn nur *einen* Segen, mein Vater? Segne mich auch, mein Vater!
Und er erhob seine Stimme und weinte.

39 Da antwortete Isaak, sein Vater, und sprach zu ihm: Siehe, du
wirst wohnen fern vom Fett der Erde und fern vom Tau, der vom
Himmel kommt. 40 Von deinem Schwerte wirst du dich nähren, und

deinem Bruder sollst du dienen. Aber es wird geschehen, dass du
einmal sein Joch von deinem Halse reißen wirst.

Jakob schaut die Himmelsleiter (1. Mose 28,10-22)

Aber Jakob zog aus von Beerscheba und machte sich auf den Weg
nach Haran [11] und kam an eine Stätte, da blieb er über Nacht, denn
die Sonne war untergegangen. Und er nahm einen Stein von der
Stätte und legte ihn zu seinen Häupten und legte sich an der Stätte
schlafen. [12] Und ihm träumte, und siehe, eine Leiter stand auf Erden,
die rührte mit der Spitze an den Himmel, und siehe, die Engel Got-
tes stiegen daran auf und nieder. [13] Und der HERR stand oben darauf
und sprach: Ich bin der HERR, der Gott deines Vaters Abraham,
und Isaaks Gott; das Land, darauf du liegst, will ich dir und deinen
Nachkommen geben. [14] Und dein Geschlecht soll werden wie der
Staub auf Erden, und du sollst ausgebreitet werden gegen Westen
und Osten, Norden und Süden, und durch dich und deine Nach-
kommen sollen alle Geschlechter auf Erden gesegnet werden. [15] Und
siehe, ich bin mit dir und will dich behüten, wo du hinziehst, und
will dich wieder herbringen in dies Land. Denn ich will dich nicht
verlassen, bis ich alles tue, was ich dir zugesagt habe.

[16] Als nun Jakob von seinem Schlaf aufwachte, sprach er: Fürwahr,
der HERR ist an dieser Stätte, und ich wusste es nicht! [17] Und er
fürchtete sich und sprach: Wie heilig ist diese Stätte! Hier ist nichts
anderes als Gottes Haus, und hier ist die Pforte des Himmels.
[18] Und Jakob stand früh am Morgen auf und nahm den Stein, den
er zu seinen Häupten gelegt hatte, und richtete ihn auf zu einem
Steinmal und goss Öl oben darauf [19] und nannte die Stätte Bethel;
vorher aber hieß die Stadt Lus.

[20] Und Jakob tat ein Gelübde und sprach: Wird Gott mit mir sein
und mich behüten auf dem Wege, den ich reise, und mir Brot zu

essen geben und Kleider anzuziehen [21] und mich mit Frieden wieder heim zu meinem Vater bringen, so soll der HERR mein Gott sein. [22] Und dieser Stein, den ich aufgerichtet habe zu einem Steinmal, soll ein Gotteshaus werden; und von allem, was du mir gibst, will ich dir den Zehnten geben.

Die Geburt und Berufung des Mose

Am Anfang der Erzelternerzählungen stand die Aufforderung an Abraham, in ein unbekanntes Land zu ziehen – das Land Kanaan. Später verschlägt es seinen Urenkel Josef, einen der zwölf Söhne Jakobs, von dort in ein anderes Land, nämlich nach Ägypten. Er wird von seinen Brüdern aus Neid dorthin verkauft. In Ägypten gewinnt er das Vertrauen des Königs und wird dessen oberster Verwalter. Um seinen Vater und seine Brüder in einer furchtbaren Hungersnot vor dem Tod zu bewahren, holt er sie zu sich nach Ägypten. Einige Generationen später lebt dort eine große Zahl an Nachkommen Josefs und seiner Brüder – »Israeliten« genannt. An dieser Stelle setzt die folgende Geschichte ein. Sie handelt von der Unterdrückung der Israeliten durch die Ägypter. Diese gipfelt im Befehl des Königs an die hebräischen Hebammen, alle männlichen Säuglinge gleich nach der Geburt zu töten. Doch ein Kind wird auf wunderbare Weise vor diesem Schicksal behütet: Mose. Mit ihm hat Gott Großes vor. Ihm offenbart er sich im »brennenden Dornbusch« und beauftragt ihn, die Israeliten aus Ägypten herauszuführen. Darin begegnet ein typisch biblisches Motiv: Natürlich »kann« Gott auch allein handeln (und das tut er auch immer wieder). Aber er bedient sich auch einzelner Menschen und beauftragt sie als seine Boten – ob sie wollen oder nicht! *(2. Mose 1,8–3,22)*

Da kam ein neuer König auf in Ägypten, der wusste nichts von Josef
9 und sprach zu seinem Volk: Siehe, das Volk der Israeliten ist mehr
und stärker als wir. 10 Wohlan, wir wollen sie mit List niederhalten,
dass sie nicht noch mehr werden. Denn wenn ein Krieg ausbräche,
könnten sie sich auch zu unsern Feinden schlagen und gegen uns
kämpfen und aus dem Land hinaufziehen.

11 Und man setzte Fronvögte über sie, die sie mit schweren
Diensten bedrücken sollten. Und sie bauten dem Pharao die
Städte Pitom und Ramses als Vorratsstädte. 12 Aber je mehr sie
das Volk bedrückten, desto stärker mehrte es sich und breitete
sich aus. Und es kam sie ein Grauen an vor den Israeliten. 13 Da
zwangen die Ägypter die Israeliten mit Gewalt zum Dienst 14 und
machten ihnen ihr Leben sauer mit schwerer Arbeit in Ton und
Ziegeln und mit mancherlei Frondienst auf dem Felde, mit all
ihrer Arbeit, die sie ihnen mit Gewalt auferlegten.

15 Und der König von Ägypten sprach zu den hebräischen Heb-
ammen, von denen die eine Schifra hieß und die andere Pua:
16 Wenn ihr den hebräischen Frauen bei der Geburt helft, dann
seht auf das Geschlecht. Wenn es ein Sohn ist, so tötet ihn; ist's
aber eine Tochter, so lasst sie leben. 17 Aber die
Hebammen fürchteten Gott und taten nicht, wie
der König von Ägypten ihnen gesagt hatte, son-
dern ließen die Kinder leben.

Ein schrecklicher Auftrag an die Hebammen

18 Da rief der König von Ägypten die Hebammen
und sprach zu ihnen: Warum tut ihr das, dass ihr die Kinder leben
lasst? 19 Die Hebammen antworteten dem Pharao: Die hebräischen
Frauen sind nicht wie die ägyptischen, denn sie sind kräftige Frauen.
Ehe die Hebamme zu ihnen kommt, haben sie geboren. 20 Darum tat
Gott den Hebammen Gutes. Und das Volk mehrte sich und wurde
sehr stark. 21 Und weil die Hebammen Gott fürchteten, gab er auch
ihnen Nachkommen.

22 Da gebot der Pharao seinem ganzen Volk und sprach: Alle Söhne,
die geboren werden, werft in den Nil, aber alle Töchter lasst leben.
2 Und es ging hin ein Mann vom Hause Levi und nahm eine
Tochter Levis zur Frau. 2 Und sie ward schwanger und gebar ei-
nen Sohn. Und als sie sah, dass es ein feines Kind war, verbarg sie
ihn drei Monate. 3 Als sie ihn aber nicht länger verbergen konnte,
nahm sie ein Kästlein von Rohr für ihn und verklebte es mit Erd-
harz und Pech und legte das Kind hinein und setzte das Kästlein
in das Schilf am Ufer des Nils. 4 Aber seine Schwester stand von
ferne, um zu erfahren, wie es ihm ergehen würde.
5 Und die Tochter des Pharao ging hinab und wollte baden im
Nil, und ihre Dienerinnen gingen am Ufer hin und her. Und als sie
das Kästlein im Schilf sah, sandte sie ihre Magd hin
und ließ es holen. 6 Und als sie es auftat, sah sie das
Rettung aus dem Nil
Kind, und siehe, das Knäblein weinte. Da jammerte
es sie, und sie sprach: Es ist eins von den hebräischen Kindlein.
7 Da sprach seine Schwester zu der Tochter des Pharao: Soll ich
hingehen und eine der hebräischen Frauen rufen, die da stillt, dass
sie dir das Kindlein stille? 8 Die Tochter des Pharao sprach zu ihr:
Geh hin. Das Mädchen ging hin und rief die Mutter des Kindes.
9 Da sprach die Tochter des Pharao zu ihr: Nimm das Kindlein mit
und stille es mir; ich will es dir lohnen. Die Frau nahm das Kind
und stillte es.
10 Und als das Kind groß war, brachte sie es der Tochter des Pha-
rao, und es ward ihr Sohn, und sie nannte ihn Mose; denn sie sprach:
Ich habe ihn aus dem Wasser gezogen.
11 Zu der Zeit, als Mose groß geworden war, ging er hinaus zu sei-
nen Brüdern und sah ihre Lasten und nahm wahr, dass ein Ägypter
einen seiner hebräischen Brüder schlug. 12 Da schaute er sich nach
allen Seiten um und als er sah, dass kein Mensch da war, erschlug er
den Ägypter und verscharrte ihn im Sande.

[13] Am andern Tage ging er wieder hinaus und sah zwei hebräische
Männer miteinander streiten und sprach zu dem, der im Unrecht
war: Warum schlägst du deinen Nächsten? [14] Er aber sprach: Wer
hat dich zum Aufseher oder Richter über uns gesetzt? Willst du
mich auch umbringen, wie du den Ägypter umgebracht hast? Da
fürchtete sich Mose und sprach: Es ist also doch bekannt geworden!
[15] Und es kam vor den Pharao; der trachtete danach, Mose zu töten.
Aber Mose floh vor dem Pharao und hielt sich auf im Lande Mi-
dian. Und er setzte sich nieder bei einem Brunnen.

[16] Der Priester in Midian aber hatte sieben Töchter; die kamen,
Wasser zu schöpfen, und füllten die Rinnen, um die Schafe ihres
Vaters zu tränken. [17] Da kamen Hirten und vertrieben sie. Mose aber
stand auf und half ihnen und tränkte ihre Schafe. [18] Und als sie zu
ihrem Vater Reguël kamen, sprach er: Warum seid ihr heute so bald
gekommen? [19] Sie sprachen: Ein ägyptischer Mann rettete uns aus
der Hand der Hirten und schöpfte für uns und tränkte die Schafe.

[20] Er sprach zu seinen Töchtern: Wo ist er? Warum habt ihr den
Mann draußen gelassen? Ladet ihn doch ein, mit uns zu essen.
[21] Und Mose willigte ein, bei dem Mann zu bleiben. Und der gab
Mose seine Tochter Zippora zur Frau. [22] Die gebar einen Sohn, und
er nannte ihn Gerschom; denn, sprach er, ich bin ein Fremdling ge-
worden im fremden Lande.

[23] Lange Zeit danach starb der König von Ägypten. Und die Israe-
liten seufzten über ihre Knechtschaft und schrien, und ihr Schreien
aus ihrer Knechtschaft stieg auf zu Gott. [24] Und Gott erhörte ihr
Wehklagen und gedachte an seinen Bund mit Abraham, Isaak und
Jakob. [25] Und Gott sah auf die Israeliten und nahm sich ihrer an.

3 [1] Mose aber hütete die Schafe Jitros, seines Schwiegervaters, des
Priesters in Midian, und trieb die Schafe über die Wüste hinaus und
kam an den Berg Gottes, den Horeb. [2] Und der Engel des HERRN
erschien ihm in einer feurigen Flamme aus dem Dornbusch. Und

er sah, dass der Busch im Feuer brannte und doch nicht verzehrt
wurde. 3 Da sprach er: Ich will hingehen und diese wundersame
Erscheinung besehen, warum der Busch nicht ver-

Der brennende Dornbusch

brennt. 4 Als aber der HERR sah, dass er hinging, um
zu sehen, rief Gott ihn aus dem Busch und sprach:
Mose, Mose! Er antwortete: Hier bin ich. 5 Er sprach:
Tritt nicht herzu, zieh deine Schuhe von deinen Füßen; denn der
Ort, darauf du stehst, ist heiliges Land!

6 Und er sprach weiter: Ich bin der Gott deines Vaters, der Gott
Abrahams, der Gott Isaaks und der Gott Jakobs. Und Mose ver-
hüllte sein Angesicht; denn er fürchtete sich, Gott anzuschauen.
7 Und der HERR sprach: Ich habe das Elend meines Volks in Ägyp-
ten gesehen, und ihr Geschrei über ihre Bedränger habe ich gehört;
ich habe ihre Leiden erkannt. 8 Und ich bin herniedergefahren, dass
ich sie errette aus der Ägypter Hand und sie aus diesem Lande hi-
naufführe in ein gutes und weites Land, in ein Land, darin Milch
und Honig fließt, in das Gebiet der Kanaaniter, Hetiter, Amoriter,
Perisiter, Hiwiter und Jebusiter. 9 Weil denn nun das Geschrei der
Israeliten vor mich gekommen ist und ich dazu ihre Drangsal ge-
sehen habe, wie die Ägypter sie bedrängen, 10 so geh nun hin, ich will
dich zum Pharao senden, damit du mein Volk, die Israeliten, aus
Ägypten führst.

11 Mose sprach zu Gott: Wer bin ich, dass ich zum Pharao gehe
und führe die Israeliten aus Ägypten? 12 Er sprach: Ich will mit dir
sein. Und das soll dir das Zeichen sein, dass ich dich gesandt habe:
Wenn du mein Volk aus Ägypten geführt hast, werdet ihr Gott die-
nen auf diesem Berge.

13 Mose sprach zu Gott: Siehe, wenn ich zu den Israeliten komme
und spreche zu ihnen: Der Gott eurer Väter hat mich zu euch ge-
sandt!, und sie mir sagen werden: Wie ist sein Name?, was soll ich
ihnen sagen? 14 Gott sprach zu Mose: Ich werde sein, der ich sein

werde. Und sprach: So sollst du zu den Israeliten sagen: »Ich werde
sein«, der hat mich zu euch gesandt. [15] Und Gott sprach weiter zu
Mose: So sollst du zu den Israeliten sagen: Der HERR, der Gott eu-
rer Väter, der Gott Abrahams, der Gott Isaaks, der Gott Jakobs, hat
mich zu euch gesandt. Das ist mein Name auf ewig, mit dem man
mich anrufen soll von Geschlecht zu Geschlecht.

[16] Darum geh hin und versammle die Ältesten von Israel und
sprich zu ihnen: Der HERR, der Gott eurer Väter, ist mir erschie-
nen, der Gott Abrahams, der Gott Isaaks, der Gott Jakobs, und hat
gesagt: Ich habe mich euer angenommen und gesehen, was euch in
Ägypten widerfahren ist, [17] und habe gesagt: Ich will euch aus dem
Elend Ägyptens führen in das Land der Kanaaniter, Hetiter, Amo-
riter, Perisiter, Hiwiter und Jebusiter, in das Land, darin Milch und
Honig fließt. [18] Und sie werden auf dich hören. Danach sollst du mit
den Ältesten Israels hineingehen zum König von Ägypten und zu
ihm sagen: Der HERR, der Gott der Hebräer, ist uns begegnet. Nun
wollen wir gehen drei Tagereisen weit in die Wüste, dass wir opfern
dem HERRN, unserm Gott. [19] Aber ich weiß, dass euch der König
von Ägypten nicht wird ziehen lassen, er werde denn gezwungen
durch eine starke Hand. [20] Daher werde ich meine Hand ausstre-
cken und Ägypten schlagen mit all den Wundern, die ich darin tun
werde. Danach wird er euch ziehen lassen. [21] Auch will ich diesem
Volk Gunst verschaffen bei den Ägyptern, dass, wenn ihr auszieht,
ihr nicht leer auszieht, [22] sondern jede Frau soll sich von ihrer Nach-
barin und Hausgenossin silberne und goldene Gefäße und Kleider
geben lassen. Die sollt ihr euren Söhnen und Töchtern mitgeben
und den Ägyptern wegnehmen.

Gott führt Israel aus Ägypten und durch die Wüste

Die Ägypter wollen die Israeliten nicht ziehen lassen – trotz schlimmer Plagen, die Gott über sie kommen lässt. Zu sehr haben sie sich an ihre Sklavendienste gewöhnt. Es bedarf einer weiteren, besonders schrecklichen Plage, um ihnen die Bereitschaft abzuringen. In der Nacht, in der den Ägyptern diese Plage widerfährt, sind die Israeliten aufgefordert, eine ganz besondere Mahlzeit zu sich zu nehmen. Mit ihr bringen sie ihre Bereitschaft zum Aufbruch zum Ausdruck. Hier liegt der Ursprung des Passafestes, das bis heute eines der wichtigsten Feste für Juden und Jüdinnen ist und mit dem sie sich an das für ihren Glauben grundlegende Ereignis des Auszugs aus Ägypten erinnern. *(2.Mose 12,1-42)*

Im weiteren Verlauf der fünf Mosebücher spielen Gesetze und Ordnungen eine wesentliche Rolle. Mit ihnen nehmen das Zusammenleben der Israeliten und die Beziehung zu ihrem Gott konkrete Gestalt an. Von herausragender Bedeutung sind dabei bis heute – für Judentum und Christentum – die Zehn Gebote. Gott gibt sie den Israeliten in der Wüste, am Berg Sinai. Nur Mose darf zu ihm auf den Berg kommen. Dort erscheint ihm Gott und spricht mit ihm. *(2. Mose 20,1-17)*

Doch die Israeliten bleiben hinter dem hohen Anspruch zurück, der ihnen als dem auserwählten Volk Gottes gestellt ist.

Als Mose noch einmal zu Gott auf den Berg Sinai hinaufsteigt und lange Zeit nicht zurückkehrt, wähnen sie sich von Gott verlassen. Daher verlangen sie von Aaron, dem Bruder von Mose, dass er für sie ein Götterbild herstelle. So verstoßen sie gegen die Zehn Gebote, genauer: gegen das Bilderverbot. Das von Aaron angefertigte Stierbild – das »Goldene Kalb« – verkörpert Kraft und sexuelle Potenz und ist ein beliebtes Kultsymbol für Gottheiten des Alten Orients. Noch heute steht »der Tanz um das Goldene Kalb« sprichwörtlich für die Verehrung von Geld und Macht. *(2. Mose 32,1-25)*

Dennoch hält Gott den Israeliten die Treue und entzieht ihnen nicht seinen Segen. Eine auch unter Christen und Christinnen besonders bekannte Segensformulierung begegnet uns im 4. Buch Mose. Sie wird der »priesterliche Segen« genannt und in der Regel am Ende des christlichen Gottesdienstes gesprochen. *(4. Mose 6,22-27)*

Die Einsetzung des Passa und der Auszug aus Ägypten (2. Mose 12,1-42)

Der HERR aber sprach zu Mose und Aaron in Ägyptenland: [2] Die-
ser Monat soll bei euch der erste Monat sein, und von ihm an sollt
ihr die Monate des Jahres zählen. [3] Sagt der ganzen Gemeinde Is-
rael: Am zehnten Tage dieses Monats nehme jeder Hausvater ein
Lamm, je ein Lamm für ein Haus. [4] Wenn aber in einem Hause für
ein Lamm zu wenige sind, so nehme er's mit seinem Nachbarn, der
seinem Hause am nächsten wohnt, bis es so viele sind, dass sie das
Lamm aufessen können. [5] Ihr sollt aber ein solches Lamm nehmen,
an dem kein Fehler ist, ein männliches Tier, ein Jahr alt. Von den

Schafen und Ziegen sollt ihr's nehmen [6] und sollt es verwahren bis
zum vierzehnten Tag des Monats. Da soll es die ganze Versammlung
der Gemeinde Israel schlachten gegen Abend.

[7] Und sie sollen von seinem Blut nehmen und beide Pfosten an
der Tür und den Türsturz damit bestreichen an den Häusern, in
denen sie's essen, [8] und sollen das Fleisch essen in derselben Nacht,
am Feuer gebraten, und ungesäuertes Brot dazu und sollen es mit
bitteren Kräutern essen. [9] Ihr sollt es weder roh essen noch mit Was-
ser gekocht, sondern am Feuer gebraten mit Kopf, Schenkeln und
inneren Teilen. [10] Und ihr sollt nichts davon übrig lassen bis zum
Morgen; wenn aber etwas übrig bleibt bis zum Morgen, sollt ihr's
mit Feuer verbrennen.

[11] So sollt ihr's aber essen: Um eure Lenden sollt ihr gegürtet sein
und eure Schuhe an euren Füßen haben und den Stab in der Hand
und sollt es in Eile essen; es ist des Herrn Passa. [12] Denn ich will
in derselben Nacht durch Ägyptenland gehen und alle Erstgeburt
schlagen in Ägyptenland unter Mensch und Vieh und will Strafge-
richt halten über alle Götter der Ägypter. Ich bin der Herr. [13] Dann
aber soll das Blut euer Zeichen sein an den Häusern, in denen ihr
seid: Wo ich das Blut sehe, will ich an euch vorübergehen, und die
Plage soll euch nicht widerfahren, die das Verderben bringt, wenn
ich Ägyptenland schlage.

[14] Ihr sollt diesen Tag als Gedenktag haben und sollt ihn feiern als
ein Fest für den Herrn, ihr und alle eure Nachkommen, als ewige
Ordnung. [15] Sieben Tage sollt ihr ungesäuertes Brot essen. Schon am
ersten Tag sollt ihr den Sauerteig aus euren Häusern tun. Wer ge-
säuertes Brot isst, vom ersten Tag an bis zum siebenten, der soll aus-
gerottet werden aus Israel. [16] Am ersten Tag soll heilige Versamm-
lung sein und am siebenten soll auch heilige Versammlung sein.
Keine Arbeit sollt ihr dann tun; nur was jeder zur Speise braucht,

das allein dürft ihr euch zubereiten. [17] Haltet das Gebot der unge-
säuerten Brote. Denn eben an diesem Tage habe ich eure Scharen
aus Ägyptenland geführt; darum sollt ihr diesen Tag halten, ihr und
alle eure Nachkommen, als ewige Ordnung. [18] Am vierzehnten Tage
des ersten Monats am Abend sollt ihr ungesäuertes Brot essen bis
zum Abend des einundzwanzigsten Tages des Monats, [19] sodass man
sieben Tage lang keinen Sauerteig finde in euren Häusern. Denn wer
gesäuertes Brot isst, der soll ausgerottet werden aus der Gemeinde
Israel, sei es ein Fremdling oder ein Einheimischer im Lande. [20] Kei-
nerlei gesäuertes Brot sollt ihr essen, sondern nur ungesäuertes Brot,
wo immer ihr wohnt.

[21] Und Mose rief alle Ältesten Israels und sprach zu ihnen: Lest
Schafe aus und nehmt sie für euch nach euren Geschlechtern und
schlachtet das Passa. [22] Und nehmt ein Büschel Ysop und taucht es
in das Blut in dem Becken und bestreicht damit den Türsturz und
die beiden Pfosten. Und keiner von euch gehe zu seiner Haustür
heraus bis zum Morgen. [23] Denn der HERR wird umhergehen und
die Ägypter schlagen. Wenn er aber das Blut sehen wird am Tür-
sturz und an den beiden Pfosten, wird er an der Tür vorübergehen
und den Verderber nicht in eure Häuser kommen lassen, um euch
zu schlagen. [24] Darum so halte diese Ordnung für dich und deine
Nachkommen ewiglich.

[25] Und wenn ihr in das Land kommt, das euch der HERR geben
wird, wie er gesagt hat, so haltet fest an diesem Brauch. [26] Und
wenn eure Kinder zu euch sagen werden: Was habt ihr da für einen
Brauch?, [27] sollt ihr sagen: Es ist das Passaopfer des HERRN, der an
den Israeliten vorüberging in Ägypten, als er die Ägypter schlug
und unsere Häuser errettete. Da neigte sich das Volk und betete an.
[28] Und die Israeliten gingen hin und taten, wie der HERR es Mose
und Aaron geboten hatte.

29 Und zur Mitternacht schlug der HERR alle Erstgeburt in Ägyp-
tenland vom ersten Sohn des Pharao an, der auf seinem Thron saß,
bis zum ersten Sohn des Gefangenen im Gefängnis und alle Erst-
geburt des Viehs. 30 Da stand der Pharao auf in derselben Nacht
und alle seine Großen und alle Ägypter, und es ward ein großes Ge-
schrei in Ägypten; denn es war kein Haus, in dem nicht ein Toter
war. 31 Und er ließ Mose und Aaron rufen in der Nacht und sprach:
Macht euch auf und zieht weg aus meinem Volk, ihr und die Israeli-
ten. Geht hin und dient dem HERRN, wie ihr gesagt habt. 32 Nehmt
auch mit euch eure Schafe und Rinder, wie ihr gesagt habt. Geht hin
und bittet auch um Segen für mich. 33 Und die Ägypter drängten das
Volk und trieben es eilends aus dem Lande; denn sie sprachen: Wir
sind alle des Todes.

34 Und das Volk trug den rohen Teig, ehe er durchsäuert war, ihre
Backschüsseln in ihre Mäntel gewickelt, auf ihren Schultern. 35 Und
die Israeliten hatten getan, wie Mose gesagt hatte, und hatten sich
von den Ägyptern silberne und goldene Gefäße und Kleider geben
lassen. 36 Dazu hatte der HERR dem Volk Gunst verschafft bei den
Ägyptern, dass sie ihnen willfährig waren, und so nahmen sie es den
Ägyptern weg.

37 Also zogen die Israeliten aus von Ramses nach Sukkot, sechs-
hunderttausend Mann zu Fuß ohne die Frauen und Kinder. 38 Und
es zog auch mit ihnen viel fremdes Volk, dazu Schafe und Rinder,
sehr viel Vieh. 39 Und sie backten aus dem rohen Teig, den sie aus
Ägypten mitbrachten, ungesäuerte Brote; denn er war nicht gesäu-
ert, weil sie aus Ägypten weggetrieben wurden und sich nicht länger
aufhalten konnten und keine Wegzehrung zubereitet hatten.

40 Die Zeit aber, die die Israeliten in Ägypten gewohnt haben, ist
vierhundertdreißig Jahre. 41 Als diese um waren, an ebendiesem Tage
zog das ganze Heer des HERRN aus Ägyptenland. 42 Eine Nacht des

Wachens war dies für den HERRN, um sie aus Ägyptenland zu führen; darum sollen die Israeliten diese Nacht dem HERRN zu Ehren wachen, sie und ihre Nachkommen.

Die Zehn Gebote (2. Mose 20,2-17)

Ich bin der HERR, dein Gott, der ich dich aus Ägyptenland, aus der
Knechtschaft, geführt habe. 3 Du sollst keine anderen Götter haben
neben mir.

4 Du sollst dir kein Bildnis noch irgendein Gleichnis machen, we-
der von dem, was oben im Himmel, noch von dem, was unten auf
Erden, noch von dem, was im Wasser unter der Erde ist: 5 Bete sie
nicht an und diene ihnen nicht! Denn ich, der HERR, dein Gott,
bin ein eifernder Gott, der die Missetat der Väter heimsucht bis ins
dritte und vierte Glied an den Kindern derer, die mich hassen, 6 aber
Barmherzigkeit erweist an vielen Tausenden, die mich lieben und
meine Gebote halten.

7 Du sollst den Namen des HERRN, deines Gottes, nicht missbrau-
chen; denn der HERR wird den nicht ungestraft lassen, der seinen
Namen missbraucht.

8 Gedenke des Sabbattages, dass du ihn heiligst. 9 Sechs Tage sollst
du arbeiten und alle deine Werke tun. 10 Aber am siebenten Tage ist
der Sabbat des HERRN, deines Gottes. Da sollst du keine Arbeit tun,
auch nicht dein Sohn, deine Tochter, dein Knecht, deine Magd, dein
Vieh, auch nicht dein Fremdling, der in deiner Stadt lebt. 11 Denn
in sechs Tagen hat der HERR Himmel und Erde gemacht und das
Meer und alles, was darinnen ist, und ruhte am siebenten Tage.
Darum segnete der HERR den Sabbattag und heiligte ihn.

12 Du sollst deinen Vater und deine Mutter ehren, auf dass du
lange lebest in dem Lande, das dir der HERR, dein Gott, geben wird.

13 Du sollst nicht töten.

[14] Du sollst nicht ehebrechen.

[15] Du sollst nicht stehlen.

[16] Du sollst nicht falsch Zeugnis reden wider deinen Nächsten.

[17] Du sollst nicht begehren deines Nächsten Haus. Du sollst nicht begehren deines Nächsten Frau, Knecht, Magd, Rind, Esel noch alles, was dein Nächster hat.

Das Goldene Kalb (2. Mose 32,1-29)

Als aber das Volk sah, dass Mose ausblieb und nicht wieder von
dem Berge herabkam, sammelte es sich gegen Aaron und sprach
zu ihm: Auf, mache uns Götter, die vor uns hergehen! Denn wir
wissen nicht, was diesem Mann Mose widerfahren ist, der uns aus
Ägyptenland geführt hat. [2] Aaron sprach zu ihnen: Reißt ab die gol-
denen Ohrringe an den Ohren eurer Frauen, eurer Söhne und eurer
Töchter und bringt sie zu mir. [3] Da riss alles Volk sich die goldenen
Ohrringe von den Ohren und brachte sie zu Aaron. [4] Und er nahm
sie von ihren Händen und formte das Gold und machte ein gegos-
senes Kalb. Und sie sprachen: Das sind deine Götter, Israel, die dich
aus Ägyptenland geführt haben! [5] Als das Aaron sah, baute er einen
Altar vor ihm und ließ ausrufen und sprach: Morgen ist des HERRN
Fest. [6] Und sie standen früh am Morgen auf und opferten Brandop-
fer und brachten dazu Dankopfer dar. Danach setzte sich das Volk,
um zu essen und zu trinken, und sie standen auf, um ihre Lust zu
treiben.

[7] Der HERR sprach aber zu Mose: Geh, steig hinab; denn dein Volk,
das du aus Ägyptenland geführt hast, hat schändlich gehandelt. [8] Sie
sind schnell von dem Wege gewichen, den ich ihnen geboten habe.
Sie haben sich ein gegossenes Kalb gemacht und haben's angebetet
und ihm geopfert und gesagt: Dies sind deine Götter, Israel, die dich
aus Ägyptenland geführt haben. [9] Und der HERR sprach zu Mose:

Ich habe dies Volk gesehen. Und siehe, es ist ein halsstarriges Volk.
10 Und nun lass mich, dass mein Zorn über sie entbrenne und sie
verzehre; dafür will ich dich zum großen Volk machen.

11 Mose wollte den HERRN, seinen Gott, besänftigen und sprach:
Ach, HERR, warum will dein Zorn entbrennen über dein Volk, das
du mit großer Kraft und starker Hand aus Ägyptenland geführt
hast? 12 Warum sollen die Ägypter sagen: Er hat sie zu ihrem Un-
glück herausgeführt, dass er sie umbrächte im Gebirge und vertilgte
sie von dem Erdboden? Kehre dich ab von deinem glühenden Zorn
und lass dich des Unheils gereuen, das du über dein Volk bringen
willst. 13 Gedenke an deine Knechte Abraham, Isaak und Israel, de-
nen du bei dir selbst geschworen und verheißen hast: Ich will eure
Nachkommen mehren wie die Sterne am Himmel, und dies ganze
Land, das ich verheißen habe, will ich euren Nachkommen geben,
und sie sollen es besitzen für ewig. 14 Da gereute den HERRN das
Unheil, das er seinem Volk angedroht hatte.

15 Mose wandte sich und stieg vom Berge und hatte die zwei Ta-
feln des Gesetzes in seiner Hand; die waren beschrieben auf beiden
Seiten, vorn und hinten waren sie beschrieben. 16 Und Gott hatte sie
selbst gemacht, und die Schrift war Gottes Schrift, eingegraben in
die Tafeln. 17 Als nun Josua das Geschrei des Volks hörte, sprach er
zu Mose: Es ist ein Kriegsgeschrei im Lager. 18 Er antwortete: Es ist
kein Geschrei wie bei einem Sieg, und es ist kein Geschrei wie bei
einer Niederlage, ich höre Geschrei wie beim Tanz.

19 Als Mose aber nahe zum Lager kam und das Kalb und das Tan-
zen sah, entbrannte sein Zorn, und er warf die Tafeln aus der Hand
und zerbrach sie unten am Berge 20 und nahm das Kalb, das sie ge-
macht hatten, und verbrannte es im Feuer und zermalmte es zu Pul-
ver und streute es aufs Wasser und gab's den Israeliten zu trinken.
21 Und er sprach zu Aaron: Was hat dir dies Volk getan, dass du eine

so große Sünde über sie gebracht hast? [22] Aaron sprach: Mein Herr lasse seinen Zorn nicht entbrennen. Du weißt, dass dies Volk böse ist. [23] Sie sprachen zu mir: Mache uns Götter, die vor uns hergehen; denn wir wissen nicht, was mit diesem Mann Mose geschehen ist, der uns aus Ägyptenland geführt hat. [24] Ich sprach zu ihnen: Wer Gold hat, der reiße es ab und gebe es mir. Und ich warf es ins Feuer, und daraus ist dieses Kalb geworden.

[25] Als nun Mose sah, dass das Volk zuchtlos geworden war – denn Aaron hatte sie zuchtlos werden lassen zum Gespött ihrer Widersacher –, [26] trat Mose in das Tor des Lagers und rief: Her zu mir, wer dem HERRN angehört! Da sammelten sich zu ihm alle Söhne Levi. [27] Und er sprach zu ihnen: So spricht der HERR, der Gott Israels: Ein jeder gürte sein Schwert um die Lenden und gehe durch das Lager hin und her von einem Tor zum andern und erschlage seinen Bruder, Freund und Nächsten. [28] Die Söhne Levi taten, wie ihnen Mose gesagt hatte; und es fielen an jenem Tage vom Volk dreitausend Mann. [29] Da sprach Mose: Füllt heute eure Hände zum Dienst für den HERRN – denn ein jeder ist wider seinen Sohn und Bruder gewesen –, damit euch heute Segen gegeben werde.

Der priesterliche Segen (4. Mose 6,22-27)

Und der HERR redete mit Mose und sprach: [23] Sage Aaron und seinen Söhnen und sprich: So sollt ihr sagen zu den Israeliten, wenn ihr sie segnet: [24] Der HERR segne dich und behüte dich; [25] der HERR lasse sein Angesicht leuchten über dir und sei dir gnädig; [26] der HERR hebe sein Angesicht über dich und gebe dir Frieden. [27] So sollen sie meinen Namen auf die Israeliten legen, dass ich sie segne.

Das verheißene Land

Die Wanderung durch die Wüste ins »verheißene Land« ist entbehrungsreich, doch Gott gibt den Israeliten alles, was sie zum Leben brauchen. Als sie sich dem Ziel nähern, schicken sie auf Gottes Geheiß eine Expeditionstruppe voraus, um das Land zu erkunden. Das Land ist verlockend, denn »Milch und Honig fließen darin«, doch zugleich erscheinen den Kundschaftern die Zahl und Stärke seiner Bewohner sehr bedrohlich. *(4. Mose 13)*

Als Antwort auf die Ängstlichkeit der Israeliten und ihr mangelndes Vertrauen auf Gott lässt dieser sie 40 Jahre lang in der Wüste umherwandern – so lange, bis die ganze Generation derer gestorben ist, die den Auszug aus Ägypten miterlebt haben und deswegen doch eigentlich hätten wissen müssen, welche Wunder ihr Gott zu tun vermag. Erst einer neuen Generation ist es gegeben, in das Land einzuziehen, und zwar unter Josua, dem vormaligen Diener und Assistenten von Mose. *(Josua 1)*

Die Sorge der Kundschafter war nicht aus der Luft gegriffen: Schaut man nur auf menschliche Macht und Möglichkeiten, so ist die Einnahme des Landes ein hoffnungsloses Unterfangen. Die Zusage und der Beistand Gottes sind daher entscheidend. Dies wird an der Eroberung Jerichos deutlich, die fast einen gottesdienstlich-zeremoniellen Charakter hat. Nur eine einzige Bewohnerin überlebt mit ihrer Familie die Zerstörung der Stadt: die »Hure

Rahab«. Sie hatte zuvor zwei Israeliten, die das Land erkunden sollten, Aufnahme in ihr Haus gewährt. *(Josua 6)*

Die Kundschafter (4. Mose 13)

Und der HERR redete mit Mose und sprach: 2 Sende Männer aus,
die das Land Kanaan erkunden, das ich den Israeliten geben will, aus
jedem Stamm ihrer Väter je einen vornehmen Mann. 3 Da sandte sie
Mose aus der Wüste Paran nach dem Wort des HERRN. Allesamt
waren sie Häupter der Israeliten.

4 Und sie hießen: Schammua, der Sohn Sakkurs, vom Stamme
Ruben; 5 Schafat, der Sohn Horis, vom Stamme Simeon; 6 Kaleb,
der Sohn Jefunnes, vom Stamme Juda; 7 Jigal, der Sohn Josefs, vom
Stamme Issachar; 8 Hoschea, der Sohn Nuns, vom Stamme Eph-
raim; 9 Palti, der Sohn Rafus, vom Stamme Benjamin; 10 Gaddiël,
der Sohn Sodis, vom Stamme Sebulon; 11 Gaddi, der Sohn Susis,
vom Stamme Josef, von Manasse; 12 Ammiël, der Sohn Gemallis,
vom Stamme Dan; 13 Setur, der Sohn Michaels, vom Stamme Asser;
14 Nachbi, der Sohn Wofsis, vom Stamme Naftali; 15 Gëuël, der Sohn
Machis, vom Stamme Gad.

16 Das sind die Namen der Männer, die Mose aussandte, um das
Land zu erkunden. Aber Hoschea, den Sohn Nuns, nannte Mose
Josua.

17 Als sie nun Mose aussandte, das Land Kanaan zu erkunden,
sprach er zu ihnen: Zieht da hinauf ins Südland und geht auf das
Gebirge 18 und seht euch das Land an, wie es ist, und das Volk, das
darin wohnt, ob's stark oder schwach, wenig oder viel ist; 19 und was
es für ein Land ist, darin sie wohnen, ob's gut oder schlecht ist; und
was es für Städte sind, in denen sie wohnen, ob sie in Zeltdörfern
oder festen Städten wohnen; 20 und wie der Boden ist, ob fett oder

mager, und ob Bäume da sind oder nicht. Seid mutig und bringt mit
von den Früchten des Landes. Es war aber eben um die Zeit der
ersten Weintrauben.

21 Und sie gingen hinauf und erkundeten das Land von der Wüste
Zin bis nach Rehob, von wo es nach Hamat geht. 22 Sie gingen hi-
nauf ins Südland und kamen bis nach Hebron; da lebten Ahiman,
Scheschai und Talmai, die Söhne Anaks. Hebron aber war erbaut
worden sieben Jahre vor Zoan in Ägypten. 23 Und sie kamen bis an
den Bach Eschkol und schnitten dort eine Rebe ab mit *einer* Wein-
traube und trugen sie zu zweien auf einer Stange, dazu auch Granat-
äpfel und Feigen. 24 Der Ort heißt Bach Eschkol nach der Traube, die
die Israeliten dort abgeschnitten hatten.

25 Und nach vierzig Tagen, als sie das Land erkundet hatten, kehr-
ten sie um, 26 gingen hin und kamen zu Mose und Aaron und zu der
ganzen Gemeinde der Israeliten in die Wüste Paran nach Kadesch
und brachten ihnen und der ganzen Gemeinde Kunde, wie es stand,
und ließen sie die Früchte des Landes sehen. 27 Und sie erzählten
ihnen und sprachen: Wir sind in das Land gekommen, in das ihr uns
sandtet; und wahrlich, Milch und Honig fließen darin, und dies sind
seine Früchte. 28 Aber stark ist das Volk, das darin wohnt, und die
Städte sind befestigt und sehr groß; und wir sahen dort auch Anaks
Söhne. 29 Es wohnen die Amalekiter im Südland, die Hetiter und
Jebusiter und Amoriter wohnen auf dem Gebirge, die Kanaaniter
aber wohnen am Meer und am Jordan.

30 Kaleb aber brachte das Volk vor Mose zum Schweigen und
sprach: Lasst uns hinaufziehen und das Land einnehmen, denn
wir können es überwältigen. 31 Aber die Männer, die mit ihm hin-
aufgezogen waren, sprachen: Wir vermögen nicht hinaufzuziehen
gegen dies Volk, denn sie sind uns zu stark. 32 Und sie brachten
über das Land, das sie erkundet hatten, ein böses Gerücht auf un-
ter den Israeliten und sprachen: Das Land, durch das wir gegangen

sind, um es zu erkunden, frisst seine Bewohner, und alles Volk, das
wir darin sahen, sind Leute von hohem Wuchs. 33 Wir sahen dort
auch Riesen, Anaks Söhne aus dem Geschlecht der Riesen, und
wir waren in unsern Augen klein wie Heuschrecken und waren es
auch in ihren Augen.

Vorbereitung auf den Einzug (Jos 1)

Nachdem Mose, der Knecht des Herrn, gestorben war, sprach der
Herr zu Josua, dem Sohn Nuns, Moses Diener: 2 Mein Knecht
Mose ist gestorben; so mach dich nun auf und zieh über den Jordan,
du und dies ganze Volk, in das Land, das ich ihnen, den Israeliten,
gebe. 3 Jede Stätte, auf die eure Fußsohlen treten werden, habe ich
euch gegeben, wie ich Mose zugesagt habe. 4 Von der Wüste bis zum
Libanon und von dem großen Strom Euphrat bis an das große Meer
gegen Sonnenuntergang, das ganze Land der Hetiter, soll euer Ge-
biet sein. 5 Es soll dir niemand widerstehen dein Leben lang. Wie
ich mit Mose gewesen bin, so will ich auch mit dir sein. Ich will dich
nicht verlassen noch von dir weichen. 6 Sei getrost und unverzagt;
denn du sollst diesem Volk das Land austeilen, das ich ihnen zum
Erbe geben will, wie ich ihren Vätern geschworen habe.

7 Sei nur getrost und ganz unverzagt, dass du hältst und tust in
allen Dingen nach dem Gesetz, das dir Mose, mein Knecht, geboten
hat. Weiche nicht davon, weder zur Rechten noch zur Linken, auf
dass du es recht ausrichten kannst, wohin du auch gehst. 8 Und lass
das Buch dieses Gesetzes nicht von deinem Munde kommen, son-
dern betrachte es Tag und Nacht, dass du hältst und tust in allen
Dingen nach dem, was darin geschrieben steht. Dann wird es dir auf
deinen Wegen gelingen, und du wirst es recht ausrichten. 9 Habe ich
dir nicht geboten: Sei getrost und unverzagt? Lass dir nicht grauen
und entsetze dich nicht; denn der Herr, dein Gott, ist mit dir in
allem, was du tust wirst.

10 Da gebot Josua den Amtleuten des Volks und sprach: 11 Geht
durch das Lager und gebietet dem Volk und sprecht: Schafft euch
Vorrat; denn nach drei Tagen werdet ihr hier über den Jordan gehen,
dass ihr hineinkommt und das Land einnehmt, das euch der HERR,
euer Gott, zum Besitz gibt.

12 Und zu den Rubenitern, Gaditern und dem halben Stamm
Manasse sprach Josua: 13 Denkt an das Wort, das euch Mose, der
Knecht des HERRN, geboten hat: Der HERR, euer Gott, bringt
euch zur Ruhe und gibt euch dieses Land. 14 Eure Frauen und Kin-
der und euer Vieh lasst im Land bleiben, das euch Mose gegeben
hat, östlich des Jordans. Ihr aber sollt, so viele von euch streitbare
Männer sind, vor euren Brüdern gerüstet hinüberziehen und ihnen
helfen, 15 bis der HERR eure Brüder auch zur Ruhe bringt wie euch,
dass auch sie einnehmen das Land, das ihnen der HERR, euer Gott,
gibt. Dann sollt ihr zurückkehren in euer Land, das euch Mose, der
Knecht des HERRN, zum Besitz gegeben hat östlich des Jordans,
gegen den Aufgang der Sonne. 16 Und sie antworteten Josua und
sprachen: Alles, was du uns geboten hast, das wollen wir tun, und
wo du uns hinsendest, da wollen wir hingehen. 17 Wie wir Mose ge-
horsam gewesen sind, so wollen wir auch dir gehorsam sein. Möge
nur der HERR, dein Gott, mit dir sein, wie er mit Mose war! 18 Wer
deinem Mund ungehorsam ist und nicht gehorcht deinen Worten
in allem, was du uns gebietest, der soll sterben. Sei nur getrost und
unverzagt!

Die Mauern Jerichos (Jos 6)

Jericho aber war verschlossen und verwahrt vor den Israeliten, so-
dass niemand heraus- oder hineinkommen konnte. 2 Da sprach der
HERR zu Josua: Sieh, ich habe Jericho samt seinem König und sei-
nen Kriegsleuten in deine Hand gegeben. 3 Lass alle Kriegsmänner

einmal rings um die Stadt herumgehen, und tu so sechs Tage lang.
4 Und lass sieben Priester sieben Posaunen tragen vor der Lade her,
und am siebenten Tage zieht siebenmal um die Stadt und lass die
Priester die Posaunen blasen. 5 Und wenn man das Horn bläst und
ihr den Schall der Posaune hört, so soll das ganze Volk ein großes
Kriegsgeschrei erheben. Dann wird die Stadtmauer einfallen, und
das Volk soll hinaufsteigen, ein jeder, wo er gerade steht.

6 Da rief Josua, der Sohn Nuns, die Priester und sprach zu ihnen:
Tragt die Bundeslade und lasst sieben Priester sieben Posaunen tra-
gen vor der Lade des Herrn. 7 Zum Volk aber sprach er: Geht hin
und zieht um die Stadt; und wer bewaffnet ist, soll vor der Lade des
Herrn hergehen. 8 Als Josua das dem Volk gesagt hatte, trugen die
sieben Priester sieben Posaunen vor dem Herrn her und gingen
und bliesen die Posaunen, und die Lade des Bundes des Herrn
folgte ihnen nach. 9 Und wer bewaffnet war, ging vor den Priestern
her, die die Posaunen bliesen, und das übrige Volk folgte der Lade
nach, und man blies immerfort die Posaunen. 10 Josua aber gebot
dem Volk und sprach: Ihr sollt kein Kriegsgeschrei erheben noch
eure Stimme hören lassen, noch soll ein Wort aus eurem Munde
gehen bis auf den Tag, an dem ich zu euch sage: »Macht ein Kriegs-
geschrei!« Dann sollt ihr das Kriegsgeschrei erheben.

11 So ließ er die Lade des Herrn einmal rings um die Stadt ziehen,
und sie kamen zurück in das Lager und blieben über Nacht im La-
ger. 12 Und Josua machte sich früh am Morgen auf, und die Priester
trugen die Lade des Herrn. 13 So trugen die sieben Priester die sie-
ben Posaunen vor der Lade des Herrn her und bliesen immerfort
die Posaunen; und wer bewaffnet war, ging vor ihnen her, und das
übrige Volk folgte der Lade des Herrn, und man blies immerfort
die Posaunen. 14 Am zweiten Tage gingen sie auch einmal um die
Stadt und kamen zurück ins Lager. So taten sie sechs Tage.

[15] Am siebenten Tage aber, als die Morgenröte aufging, machten sie
sich früh auf und zogen in derselben Weise siebenmal um die Stadt;
nur an diesem Tag zogen sie siebenmal um die Stadt. [16] Und beim
siebenten Mal, als die Priester die Posaunen bliesen, sprach Josua
zum Volk: Macht ein Kriegsgeschrei! Denn der HERR hat euch die
Stadt gegeben. [17] Aber diese Stadt und alles, was darin ist, soll dem
Bann des HERRN verfallen sein. Nur die Hure Rahab soll am Leben
bleiben und alle, die mit ihr im Hause sind; denn sie hat die Boten
verborgen, die wir aussandten. [18] Allein hütet euch vor dem Gebann-
ten und lasst euch nicht gelüsten, etwas von dem Gebannten zu neh-
men und das Lager Israels in Bann und Unglück zu bringen. [19] Aber
alles Silber und Gold samt dem ehernen und eisernen Gerät soll
dem HERRN geheiligt sein, dass es zum Schatz des HERRN komme.
[20] Da erhob das Volk ein Kriegsgeschrei, und man blies die Posau-
nen. Und als das Volk den Schall der Posaunen hörte, erhob es ein
großes Kriegsgeschrei. Da fiel die Mauer um, und das Volk stieg zur
Stadt hinauf, ein jeder, wo er gerade stand. So nahmen sie die Stadt
ein [21] und vollstreckten den Bann an allem, was in der Stadt war, mit
der Schärfe des Schwerts, an Mann und Weib, Jung und Alt, Rin-
dern, Schafen und Eseln.

[22] Aber Josua sprach zu den beiden Männern, die das Land erkun-
det hatten: Geht in das Haus der Hure und führt die Frau von da
heraus mit allem, was sie hat, wie ihr es ihr geschworen habt. [23] Da
gingen die jungen Männer, die Kundschafter, hinein und führten
Rahab heraus samt ihrem Vater und ihrer Mutter und ihren Brü-
dern und allem, was sie hatte, und ihr ganzes Geschlecht führten sie
heraus und gaben ihnen einen Platz außerhalb des Lagers Israels.
[24] Aber die Stadt verbrannten sie mit Feuer und alles, was darin war.
Nur das Silber und Gold und die ehernen und eisernen Geräte taten
sie zum Schatz in das Haus des HERRN. [25] Rahab aber, die Hure,

samt dem Hause ihres Vaters und allem, was sie hatte, ließ Josua leben. Und sie blieb in Israel wohnen bis auf diesen Tag, weil sie die Boten verborgen hatte, die Josua gesandt hatte, um Jericho auszukundschaften.

26 Zu der Zeit ließ Josua schwören: Verflucht sei vor dem HERRN, wer sich aufmacht und diese Stadt Jericho wieder aufbaut! Wenn er ihren Grund legt, das koste ihn seinen erstgeborenen Sohn, und wenn er ihre Tore setzt, das koste ihn seinen jüngsten Sohn! 27 So war der HERR mit Josua, dass man ihn rühmte im ganzen Lande.

Die ersten Könige Israels

Nach dem Tode Josuas und der Ausbreitung der »zwölf Stämme« Israels im Land werden diese zunächst durch sog. Richter geführt, denn eine zentrale Herrschaftsstruktur gibt es noch nicht. Ständige Konflikte mit den Philistern – einem der Völker, die bereits vor den Israeliten in Kanaan gelebt hatten – geben dann aber den Anstoß zur Schaffung eines Königtums. Dabei ist die Haltung der Bibel zum Königtum durchaus ambivalent, denn eigentlich hat das Volk nur einen wahren König: seinen Gott. Und doch setzt sich der »realpolitische« Aspekt letztlich durch und so kommt es zur Wahl des ersten Königs Saul. *(1. Sam 10,17-27)*

Ihm folgt David auf dem Thron, eine der bekanntesten Gestalten der Bibel. Die berühmte Geschichte von David und Goliat spielt jedoch noch zur Zeit des Königtums von Saul. Saul hat es nach wie vor mit den Philistern zu tun. Jetzt stehen sich die beiden Heere in einer Talebene gegenüber und aus der Schlachtreihe der Philister tritt ein Einzelkämpfer hervor: Er heißt Goliat und ist ein außergewöhnlich großer und starker Soldat. Keiner aus dem Heer Israels wagt es, im Zweikampf gegen ihn anzutreten. Auch Davids Brüder sind Teil des Heeres. David, der selbst noch zu jung für den Krieg ist, wird vom Vater beauftragt, ihnen etwas Proviant zu bringen. Letztlich ist er es dann, der es mit Goliat aufnimmt. *(1. Sam 17,17-51)*

David, der Saul schließlich auf den Thron nachfolgt, baut das Reich aus und festigt es nach innen und außen. Mehr als 40 Jahre währt seine Herrschaft und die Bibel erzählt viel Glanzvolles über ihn. Doch wie so viele biblische »Helden« ist auch er alles andere als makellos. Mit seinem Ehebruch mit Batseba lädt er schwere Schuld auf sich. Dies geschieht in Jerusalem, wo David mittlerweile einen Königshof gegründet hat. *(2. Sam 11)*

Der zweitgeborene Sohn aus der Verbindung Davids mit Batseba ist Salomo. Er folgt seinem Vater auf dem Thron. Besonders gerühmt wird Salomo für seine Weisheit, die in der Geschichte vom heute sprichwörtlichen »Salomonischen Urteil« schön zum Ausdruck kommt. *(1. Kön 3,16-28)*

Salomos Regentschaft gilt als Goldenes Zeitalter für Israel. In dieser Zeit entsteht in Jerusalem der Tempel, in den auch die sog. Lade (auch Bundeslade genannt) überführt wurde. Bei ihr handelt es sich um eine Truhe aus Akazienholz mit goldener Deckplatte, die gemäß dem biblischen Bericht am Berg Sinai angefertigt worden war und die Steintafeln mit den Zehn Geboten enthielt. Sie symbolisiert die Gegenwart Gottes bei seinem Volk. Hinfort ist nun der Tempel der herausgehobene Ort des Kontaktes mit Gott, der im dort vollzogenen Opferkult Gestalt annimmt. *(1. Kön 8,1-30.54-66)*

Saul wird zum König gewählt (1. Sam 10,17-27)

Samuel aber rief das Volk zusammen zum HERRN nach Mizpa
18 und sprach zu den Israeliten: So sagt der HERR, der Gott Is-
raels: Ich habe Israel aus Ägypten geführt und euch aus der Hand
der Ägypter errettet und aus der Hand aller Königreiche, die euch
bedrängten. 19 Ihr aber habt heute euren Gott verworfen, der euch
aus aller eurer Not und Bedrängnis geholfen hat, und habt ge-
sprochen: Nein, setze vielmehr einen König über uns! Wohlan,
so tretet nun vor den HERRN nach euren Stämmen und Tausend-
schaften! 20 Als nun Samuel alle Stämme Israels herantreten ließ,
fiel das Los auf den Stamm Benjamin. 21 Und als er den Stamm
Benjamin herantreten ließ mit seinen Geschlechtern, fiel das Los
auf das Geschlecht Matri, und als er das Geschlecht Matri heran-
treten ließ, Mann für Mann, fiel das Los auf Saul, den Sohn des
Kisch. Und sie suchten ihn, aber sie fanden ihn nicht.

22 Da befragten sie abermals den HERRN: Ist der Mann hierher-
gekommen? Der HERR antwortete: Siehe, er hat sich bei dem Tross
versteckt. 23 Da liefen sie hin und holten ihn von dort. Und als er un-
ter das Volk trat, war er um eine Haupteslänge größer als alles Volk.
24 Und Samuel sprach zu allem Volk: Da seht ihr, wen der HERR
erwählt hat; denn ihm ist keiner gleich im ganzen Volk. Da jauchzte
das ganze Volk und sprach: Es lebe der König! 25 Samuel aber tat
dem Volk das Recht des Königtums kund und schrieb's in ein Buch
und legte es vor dem HERRN nieder. Und Samuel entließ das ganze
Volk, einen jeden in sein Haus.

26 Auch Saul ging heim nach Gibea, und mit ihm gingen die vom
Heer, denen Gott das Herz gerührt hatte. 27 Aber einige ruchlose
Leute sprachen: Was soll der uns helfen? Und sie verachteten ihn
und brachten ihm kein Geschenk. Aber er tat, als hörte er's nicht.

David und Goliat (1. Sam 17,17-51)

Isai aber sprach zu seinem Sohn David: Nimm für deine Brüder die-
sen Scheffel geröstete Körner und diese zehn Brote und bringe sie
eilends ins Lager zu deinen Brüdern; [18] und diese zehn Käse bringe
dem Hauptmann und sieh nach deinen Brüdern, ob's ihnen gut geht,
und bringe auch ein Unterpfand von ihnen mit. [19] Saul und sie und
alle Männer Israels sind im Eichgrund und kämpfen gegen die Phi-
lister.

[20] Da machte sich David früh am Morgen auf und überließ die
Schafe einem Hüter, lud auf und ging hin, wie ihm Isai geboten
hatte, und kam zur Wagenburg. Das Heer aber war ausgezogen und
hatte sich aufgestellt zur Schlachtreihe, und sie erhoben das Kriegs-
geschrei. [21] Und Israel und die Philister hatten sich aufgestellt, Reihe
gegen Reihe.

[22] Da ließ David sein Gepäck, das er trug, bei der Wache des Tros-
ses und lief zur Schlachtreihe, kam hin und fragte seine Brüder, wie
es ihnen gehe. [23] Und als er noch mit ihnen redete, siehe, da kam her-
auf der Riese mit Namen Goliat, der Philister von Gat, aus den Rei-
hen der Philister und redete dieselben Worte, und David hörte es.
[24] Und wer von Israel den Mann sah, floh vor ihm und fürchtete sich
sehr. [25] Und die Männer von Israel sprachen: Habt ihr den Mann
heraufkommen sehen? Er kommt herauf, Israel Hohn zu sprechen.
Wer ihn erschlägt, den will der König sehr reich machen und ihm
seine Tochter geben und will seines Vaters Haus frei machen von
Lasten in Israel.

[26] Da sprach David zu den Männern, die bei ihm standen: Was
wird man dem tun, der diesen Philister erschlägt und die Schande
von Israel wendet? Denn wer ist dieser unbeschnittene Philister, der
die Schlachtreihen des lebendigen Gottes verhöhnt? [27] Da sagte ihm
das Volk wie vorher: So wird man dem tun, der ihn erschlägt. [28] Und

als Eliab, sein ältester Bruder, ihn reden hörte mit den Männern,
wurde er zornig über David und sprach: Warum bist du hergekom-
men? Und wem hast du die wenigen Schafe dort in der Wüste über-
lassen? Ich kenne deine Vermessenheit wohl und deines Herzens
Bosheit. Du bist nur gekommen, um dem Kampf zuzusehen. 29 Da-
vid antwortete: Was hab ich denn getan? Ich habe doch nur gefragt!
30 Und er wandte sich von ihm zu einem andern und sprach, wie er
vorher gesagt hatte. Da antwortete ihm das Volk wie das erste Mal.

31 Und als sie die Worte hörten, die David sagte, brachten sie es vor
Saul, und er ließ ihn holen. 32 Und David sprach zu Saul: Keiner lasse
seinetwegen den Mut sinken; dein Knecht wird hingehen und mit
diesem Philister kämpfen. 33 Saul aber sprach zu David: Du kannst
nicht hingehen zu diesem Philister, mit ihm zu kämpfen; denn du
bist ein Knabe, dieser aber ist ein Kriegsmann von Jugend auf.

34 David aber sprach zu Saul: Dein Knecht hütete die Schafe
seines Vaters; und kam dann ein Löwe oder ein Bär und trug ein
Schaf weg von der Herde, 35 so lief ich ihm nach, schlug auf ihn ein
und errettete es aus seinem Maul. Wenn er aber auf mich losging,
ergriff ich ihn bei seinem Bart und schlug ihn tot. 36 So hat dein
Knecht den Löwen wie den Bären erschlagen, und diesem unbe-
schnittenen Philister soll es ergehen wie einem von ihnen; denn
er hat die Schlachtreihen des lebendigen Gottes verhöhnt. 37 Und
David sprach: Der HERR, der mich von dem Löwen und Bären er-
rettet hat, der wird mich auch erretten von diesem Philister. Und
Saul sprach zu David: Geh hin, der HERR sei mit dir!

38 Und Saul legte David seine Rüstung an und setzte ihm einen
ehernen Helm auf sein Haupt und legte ihm einen Panzer an. 39 Und
David gürtete sein Schwert über seine Kleider und versuchte zu ge-
hen; aber er war es nicht gewohnt. Da sprach David zu Saul: Ich
kann so nicht gehen, denn ich bin's nicht gewohnt; und er legte es ab

40 und nahm seinen Stab in die Hand und wählte fünf glatte Steine
aus dem Bach und tat sie in die Hirtentasche, die er hatte, in den
Beutel, und nahm die Schleuder in die Hand und ging dem Philister
entgegen.

41 Der Philister aber kam immer näher an David heran, und sein
Schildträger ging vor ihm her. 42 Als nun der Philister aufsah und
David anschaute, verachtete er ihn; denn er war ein Knabe, bräun-
lich und schön. 43 Und der Philister sprach zu David: Bin ich denn
ein Hund, dass du mit Stecken zu mir kommst? Und der Philister
fluchte dem David bei seinem Gott. 44 Und der Philister sprach zu
David: Komm her zu mir, ich will dein Fleisch den Vögeln unter
dem Himmel geben und den Tieren auf dem Felde.

45 David aber sprach zu dem Philister: Du kommst zu mir mit
Schwert, Spieß und Sichelschwert, ich aber komme zu dir im Na-
men des HERRN Zebaoth, des Gottes der Schlachtreihen Israels,
die du verhöhnt hast. 46 Heute wird dich der HERR mir überant-
worten, dass ich dich erschlage und dir den Kopf abhaue und gebe
deinen Leichnam und die Leichname des Heeres der Philister heute
den Vögeln unter dem Himmel und dem Wild auf der Erde, damit
alle Welt innewerde, dass Israel einen Gott hat, 47 und damit diese
ganze Gemeinde innewerde, dass der HERR nicht durch Schwert
oder Spieß hilft; denn der Krieg ist des HERRN, und er wird euch in
unsere Hand geben.

48 Als sich nun der Philister aufmachte und daherging und sich
David nahte, lief David eilends von der Schlachtreihe dem Philis-
ter entgegen. 49 Und David tat seine Hand in die Tasche und nahm
einen Stein daraus und schleuderte ihn und traf den Philister an
der Stirn, dass der Stein in seine Stirn fuhr und er zur Erde fiel auf
sein Angesicht. 50 So überwand David den Philister mit Schleuder
und Stein und traf und tötete ihn. David aber hatte kein Schwert in

seiner Hand. [51] Da lief er hin und trat zu dem Philister und nahm dessen Schwert und zog es aus der Scheide und tötete ihn und hieb ihm den Kopf damit ab. Da aber die Philister sahen, dass ihr Stärkster tot war, flohen sie.

David und Batseba (2. Sam 11)

Und als das Jahr um war, zur Zeit, da die Könige ins Feld zu ziehen pflegen, sandte David Joab und seine Knechte mit ihm und ganz Israel, damit sie das Land der Ammoniter verheerten und Rabba belagerten. David aber blieb in Jerusalem. [2] Und es begab sich, dass David um den Abend aufstand von seinem Lager und sich auf dem Dach des Königshauses erging; da sah er vom Dach aus eine Frau sich waschen; und die Frau war von sehr schöner Gestalt. [3] Und David sandte hin und ließ nach der Frau fragen und sagte: Ist das nicht Batseba, die Tochter Eliams, die Frau Urias, des Hetiters? [4] Und David sandte Boten hin und ließ sie holen. Und als sie zu ihm kam, schlief er bei ihr; sie aber hatte sich gerade gereinigt von ihrer Unreinheit. Und sie kehrte in ihr Haus zurück. [5] Und die Frau ward schwanger und sandte hin und ließ David sagen: Ich bin schwanger geworden.

[6] David aber sandte zu Joab: Sende zu mir Uria, den Hetiter. Und Joab sandte Uria zu David. [7] Und als Uria zu ihm kam, fragte David, ob es mit Joab und mit dem Volk und mit dem Krieg gut stünde. [8] Und David sprach zu Uria: Geh hinab in dein Haus und wasch deine Füße. Und als Uria aus des Königs Haus hinausging, wurde ihm ein Geschenk des Königs nachgetragen. [9] Aber Uria legte sich schlafen vor der Tür des Königshauses, wo alle Knechte seines Herrn lagen, und ging nicht hinab in sein Haus.

[10] Als man aber David ansagte: Uria ist nicht hinab in sein Haus gegangen, sprach David zu Uria: Bist du nicht von weit her gekommen? Warum bist du nicht hinab in dein Haus gegangen? [11] Uria

aber sprach zu David: Die Lade und Israel und Juda wohnen in
Zelten und Joab, mein Herr, und meines Herrn Knechte liegen auf
freiem Felde, und ich sollte in mein Haus gehen, um zu essen und
zu trinken und bei meiner Frau zu liegen? So wahr du lebst und
deine Seele lebt: Das werde ich nicht tun! 12 David sprach zu Uria:
Bleib heute hier, morgen will ich dich gehen lassen. So blieb Uria in
Jerusalem an diesem Tage und auch am nächsten. 13 Und David lud
ihn ein, dass er bei ihm aß und trank, und machte ihn trunken. Aber
am Abend ging er hinaus, dass er sich schlafen legte auf sein Lager
bei den Knechten seines Herrn, und ging nicht hinab in sein Haus.

14 Am Morgen schrieb David einen Brief an Joab und sandte ihn
durch Uria. 15 Er schrieb aber in dem Brief: Stellt Uria vornehin, wo
der Kampf am härtesten ist, und zieht euch hinter ihm zurück, dass
er erschlagen werde und sterbe. 16 Als nun Joab die Stadt belagerte,
stellte er Uria an den Ort, von dem er wusste, dass dort streitbare
Männer standen. 17 Und als die Männer der Stadt einen Ausfall
machten und mit Joab kämpften, fielen etliche vom Volk, von den
Knechten Davids, und Uria, der Hetiter, starb auch.

18 Da sandte Joab hin und ließ David alles sagen, was sich bei dem
Kampf begeben hatte, 19 und gebot dem Boten und sprach: Wenn du
dem König alles bis zu Ende gesagt hast, was sich bei dem Kampf
begeben hat, 20 und siehst, dass der König zornig wird und zu dir
spricht: Warum seid ihr so nahe an die Stadt herangerückt im
Kampf? Wisst ihr nicht, dass sie von der Mauer schießen? 21 Wer er-
schlug Abimelech, den Sohn Jerubbaals? Warf nicht eine Frau einen
Mühlstein auf ihn von der Mauer, sodass er in Tebez starb? Warum
seid ihr so nahe an die Mauer herangerückt?, – so sollst du sagen:
Auch dein Knecht Uria, der Hetiter, ist tot.

22 Der Bote ging hin und kam und sagte David alles, was Joab
ihm aufgetragen hatte. 23 Und der Bote sprach zu David: Die Män-

ner waren uns überlegen und zogen heraus aufs Feld gegen uns; wir aber drängten sie bis an den Eingang des Tores. [24] Und die Schützen schossen von der Mauer auf deine Knechte und töteten etliche von den Knechten des Königs, und auch Uria, dein Knecht, der Hetiter, ist tot. [25] David sprach zum Boten: So sollst du zu Joab sagen: »Lass dir das nicht leid sein, denn das Schwert frisst bald diesen, bald jenen. Fahre fort mit dem Kampf gegen die Stadt und zerstöre sie.« So sollst du ihm Mut zusprechen.

[26] Und als Urias Frau hörte, dass ihr Mann Uria tot war, hielt sie die Totenklage um ihren Eheherrn. [27] Sobald sie aber ausgetrauert hatte, sandte David hin und ließ sie in sein Haus holen, und sie wurde seine Frau und gebar ihm einen Sohn. Aber dem HERRN missfiel die Tat, die David getan hatte.

Salomos Urteil (1. Kön 3,16-28)

Zu der Zeit kamen zwei Huren zum König und traten vor ihn. [17] Und die eine Frau sprach: Ach, mein Herr, ich und diese Frau wohnten im selben Hause, und ich gebar bei ihr im Hause. [18] Und drei Tage nachdem ich geboren hatte, gebar auch sie. Und wir waren beieinander, und kein Fremder war mit uns im Hause, nur wir beide. [19] Und der Sohn dieser Frau starb in der Nacht; denn sie hatte ihn im Schlaf erdrückt. [20] Und sie stand in der Nacht auf und nahm meinen Sohn von meiner Seite, als deine Magd schlief, und legte ihn in ihren Arm, und ihren toten Sohn legte sie in meinen Arm. [21] Und als ich des Morgens aufstand, um meinen Sohn zu stillen, siehe, da war er tot. Aber am Morgen sah ich ihn genau an, und siehe, es war nicht mein Sohn, den ich geboren hatte. [22] Die andere Frau sprach: Nein, mein Sohn lebt, doch dein Sohn ist tot. Jene aber sprach: Nein, dein Sohn ist tot, doch mein Sohn lebt. Und so redeten sie vor dem König.

23 Und der König sprach: Diese spricht: Mein Sohn lebt, doch dein
Sohn ist tot. Jene spricht: Nein, dein Sohn ist tot, doch mein Sohn
lebt. 24 Und der König sprach: Holt mir ein Schwert! Und als das
Schwert vor den König gebracht wurde, 25 sprach der König: Teilt
das lebendige Kind in zwei Teile und gebt dieser die Hälfte und je-
ner die Hälfte. 26 Da sagte die Frau, deren Sohn lebte, zum König –
denn ihr mütterliches Herz entbrannte in Liebe für ihren Sohn –
und sprach: Ach, mein Herr, gebt ihr das Kind lebendig und tötet es
nicht! Jene aber sprach: Es sei weder mein noch dein; lasst es teilen!
27 Da antwortete der König und sprach: Gebt dieser das Kind leben-
dig und tötet's nicht; die ist seine Mutter.

28 Und ganz Israel hörte von dem Urteil, das der König gefällt
hatte, und sie fürchteten den König; denn sie sahen, dass die Weis-
heit Gottes in ihm war, Gericht zu halten.

Die Einweihung des Tempels (1. Kön 8,1-30.54-66)

Da versammelte der König Salomo zu sich die Ältesten in Israel, alle
Häupter der Stämme und Obersten der Sippen in Israel nach Jeru-
salem, um die Lade des Bundes des Herrn heraufzubringen aus der
Stadt Davids, das ist Zion. 2 Und es versammelten sich beim König
Salomo alle Männer Israels am Fest im Monat Etanim, das ist der sie-
bente Monat. 3 Und als alle Ältesten Israels kamen, hoben die Priester
die Lade des Herrn auf 4 und brachten sie hinauf, dazu die Stifts-
hütte und alles Gerät des Heiligtums, das in der Stiftshütte war. Das
taten die Priester und Leviten. 5 Und der König Salomo und die ganze
Gemeinde Israel, die sich bei ihm versammelt hatte, ging mit ihm vor
der Lade her und opferte Schafe und Rinder, so viel, dass man sie we-
gen ihrer Menge nicht zählen noch berechnen konnte.

6 So brachten die Priester die Lade des Bundes des Herrn an
ihren Platz in den innersten Raum des Hauses, in das Allerheiligste,

unter die Flügel der Cherubim. [7] Denn die Cherubim breiteten die
Flügel aus an dem Ort, wo die Lade stand, und bedeckten die Lade
und ihre Stangen von oben her. [8] Und die Stangen waren so lang,
dass ihre Enden gesehen wurden im Heiligtum vor dem Allerhei-
ligsten; aber von außen sah man sie nicht. Und dort sind sie bis auf
diesen Tag. [9] Und es war nichts in der Lade als nur die zwei steiner-
nen Tafeln, die Mose hineingelegt hatte am Horeb, als der HERR
mit den Israeliten einen Bund schloss, nachdem sie aus Ägyptenland
gezogen waren.

[10] Als aber die Priester aus dem Heiligtum gingen, erfüllte die
Wolke das Haus des HERRN, [11] sodass die Priester nicht zum Dienst
hinzutreten konnten wegen der Wolke; denn die Herrlichkeit des
HERRN erfüllte das Haus des HERRN.

[12] Da sprach Salomo: Die Sonne hat der HERR an den Himmel ge-
stellt. Er hat aber gesagt, er wolle im Dunkel wohnen. [13] So habe ich
nun ein erhabenes Haus gebaut dir zur Wohnung, eine Stätte, dass
du ewiglich da wohnest. [14] Und der König wandte sein Angesicht
und segnete die ganze Gemeinde Israel, und die ganze Gemeinde
Israel stand. [15] Und er sprach: Gelobt sei der HERR, der Gott Israels,
der durch seinen Mund meinem Vater David zugesagt und es durch
seine Hand erfüllt hat und gesagt: [16] Von dem Tage an, als ich mein
Volk Israel aus Ägypten führte, hab ich keine Stadt erwählt unter
irgendeinem Stamm Israels, dass mir ein Haus gebaut würde, da-
mit mein Name da wäre. David aber habe ich erwählt, dass er über
mein Volk Israel Herr sein sollte. [17] Mein Vater David hatte es zwar
im Sinn, dem Namen des HERRN, des Gottes Israels, ein Haus zu
bauen, [18] aber der HERR sprach zu meinem Vater David: Dass du
im Sinn hast, meinem Namen ein Haus zu bauen, daran hast du
wohlgetan, dass du dir das vornahmst. [19] Doch nicht du sollst das
Haus bauen, sondern dein Sohn, der dir geboren wird, der soll mei-

nem Namen ein Haus bauen. 20 Und der HERR hat sein Wort wahr
gemacht, das er gegeben hat; denn ich bin zur Macht gekommen
an meines Vaters David statt und sitze auf dem Thron Israels, wie
der HERR zugesagt hat, und habe gebaut ein Haus dem Namen des
HERRN, des Gottes Israels, 21 und habe dort eine Stätte zugerichtet
der Lade, in der die Tafeln des Bundes sind, den der HERR geschlos-
sen hat mit unsern Vätern, als er sie aus Ägyptenland führte.

22 Und Salomo trat vor den Altar des HERRN angesichts der gan-
zen Gemeinde Israel und breitete seine Hände aus gen Himmel
23 und sprach: HERR, Gott Israels, es ist kein Gott weder droben im
Himmel noch unten auf Erden dir gleich, der du hältst den Bund
und die Barmherzigkeit deinen Knechten, die vor dir wandeln von
ganzem Herzen; 24 der du gehalten hast deinem Knecht, meinem
Vater David, was du ihm zugesagt hast. Mit deinem Mund hast du
es geredet, und mit deiner Hand hast du es erfüllt, wie es offenbar
ist an diesem Tage. 25 Nun, HERR, Gott Israels, halt deinem Knecht,
meinem Vater David, was du ihm zugesagt hast: Es soll dir nicht
fehlen an einem Mann, der vor mir steht, der da sitzt auf dem Thron
Israels, wenn nur deine Söhne auf ihren Weg achthaben, dass sie vor
mir wandeln, wie du vor mir gewandelt bist. 26 Nun, Gott Israels,
lass dein Wort wahr werden, das du deinem Knecht, meinem Vater
David, zugesagt hast.

27 Denn sollte Gott wirklich auf Erden wohnen? Siehe, der Him-
mel und aller Himmel Himmel können dich nicht fassen – wie sollte
es dann dies Haus tun, das ich gebaut habe? 28 Wende dich aber zum
Gebet deines Knechts und zu seinem Flehen, HERR, mein Gott, auf
dass du hörst das Flehen und Gebet deines Knechts heute vor dir:
29 Lass deine Augen offen stehen über diesem Hause Nacht und Tag,
über der Stätte, von der du gesagt hast: Da soll mein Name sein.
Du wollest hören das Gebet, das dein Knecht an dieser Stätte betet,

30 und wollest erhören das Flehen deines Knechts und deines Volkes
Israel, wenn sie hier bitten werden an dieser Stätte; und wenn du es
hörst in deiner Wohnung, im Himmel, wollest du gnädig sein.

54 Und als Salomo dies Gebet und Flehen vor dem HERRN voll-
endet hatte, stand er auf von dem Altar des HERRN und hörte auf zu
knien und die Hände zum Himmel auszubreiten 55 und trat hin und
segnete die ganze Gemeinde Israel mit lauter Stimme und sprach:
56 Gelobet sei der HERR, der seinem Volk Israel Ruhe gegeben hat,
wie er es zugesagt hat. Es ist nicht eins dahingefallen von allen sei-
nen guten Worten, die er geredet hat durch seinen Knecht Mose.
57 Der HERR, unser Gott, sei mit uns, wie er mit unsern Vätern ge-
wesen ist. Er verlasse uns nicht und ziehe die Hand nicht ab von uns.
58 Er neige unser Herz zu ihm, dass wir wandeln in allen seinen We-
gen und halten seine Gebote, Satzungen und Rechte, die er unsern
Vätern geboten hat. 59 Mögen diese Worte, die ich vor dem HERRN
gefleht habe, nahe sein dem HERRN, unserm Gott, Tag und Nacht,
dass er Recht schaffe seinem Knecht und seinem Volk Israel, wie
es jeder Tag erfordert, 60 auf dass alle Völker auf Erden erkennen,
dass der HERR Gott ist und sonst keiner mehr! 61 Und euer Herz sei
ungeteilt bei dem HERRN, unserm Gott, dass ihr wandelt in seinen
Satzungen und haltet seine Gebote, wie es heute geschieht.

62 Und der König und ganz Israel opferten vor dem HERRN Opfer.
63 Und Salomo opferte Dankopfer, die er dem HERRN opferte, zwei-
undzwanzigtausend Rinder und hundertzwanzigtausend Schafe. So
weihten sie das Haus des HERRN ein, der König und ganz Israel.
64 An demselben Tage weihte der König die Mitte des Vorhofes,
der vor dem Hause des HERRN war, dadurch, dass er Brandopfer,
Speisopfer und das Fett der Dankopfer dort darbrachte. Denn der
bronzene Altar, der vor dem HERRN stand, war zu klein für die Brand-
opfer, Speisopfer und das Fett der Dankopfer. 65 Und Salomo beging

zu der Zeit das Fest und ganz Israel mit ihm – eine große Versammlung von dort, wo es nach Hamat geht, bis an den Bach Ägyptens – vor dem HERRN, unserm Gott, sieben Tage und noch sieben Tage, das waren vierzehn Tage. [66] Und er entließ das Volk am achten Tage. Und sie segneten den König und gingen zu ihren Zelten fröhlich und guten Mutes über all das Gute, das der HERR an David, seinem Knecht, und an seinem Volk Israel getan hatte.

Der Prophet Elia

Neben den Königen ragen in der Geschichte Israels die Propheten heraus – unter anderem, weil sich die Könige als anfällig erweisen, dem Gott Israels untreu zu werden und ihn durch ihre Amtsführung zu verleugnen. Vielen Propheten widmet die Bibel ganze Bücher (dazu weiter unten), von anderen sind einzelne Berichte in die sog. Geschichtsbücher eingeflochten. Unter ihnen sticht der Prophet Elia hervor. Sein Name bedeutet »Der Herr ist mein Gott«, und so setzt er sich tatsächlich kompromisslos dafür ein, dass in Israel kein anderer Gott verehrt wird als eben der Gott Israels. Ohne jede Hinführung erzählt die Bibel, wie er vor Ahab, den König Israels, tritt und eine lang anhaltende Dürre verkündet. Diese soll im Konflikt mit der Verehrung des kanaanäischen Wetter- und Fruchtbarkeitsgottes Baal klarstellen, wer in Israel tatsächlich über den Leben spendenden Regen verfügt. *(1. Kön 17)*

Nachdem die Dürre lange gewütet hat, treffen der Prophet und der König erneut zusammen. Gott ist bereit, die Dürre zu beenden. Doch in einem scharfen Wortwechsel kommt es zum Streit um die Frage, wer eigentlich Schuld an der Dürre und damit am Unheil Israels gewesen sei: Elia, der sie im Namen des Gottes Israels verhängt hat, oder Ahab, der die Verehrung des fremden Gottes Baal in Israel zugelassen und damit den Gott Israels gegen sich aufgebracht hat. Elia fordert das Volk zu einer eindeutigen

Entscheidung zwischen den beiden Gottheiten auf. Diese fällt in einer dramatischen Szene am Berg Karmel. *(1. Kön 18)*

Isebel, die Frau von König Ahab, will das Scheitern der Baalspropheten am Karmel nicht akzeptieren. Die Bibel schildert sie als die eigentliche Gegenspielerin des Propheten Elia. Als sie diesem mit dem Tod droht, verliert er jeden Lebensmut (direkt nach seinem großen Erfolg am Karmel!) und flieht in die Wüste. Dort kümmert sich ein Engel Gottes um ihn, und schließlich erscheint ihm sogar Gott selbst – aber nicht so, wie man es sich gemeinhin vorstellt … *(1. Kön 19,1-18)*

Elia am Bach Krit und bei der Witwe zu Sarepta (1. Kön 17)

Und es sprach Elia, der Tischbiter, aus Tischbe in Gilead zu Ahab: So wahr der Herr, der Gott Israels, lebt, vor dem ich stehe: Es soll diese Jahre weder Tau noch Regen kommen, ich sage es denn.

2 Da kam das Wort des Herrn zu ihm: 3 Geh weg von hier und
wende dich nach Osten und verbirg dich am Bach Krit, der zum Jor-
dan fließt. 4 Und du sollst aus dem Bach trinken, und ich habe den
Raben geboten, dass sie dich dort versorgen sollen. 5 Er aber ging hin
und tat nach dem Wort des Herrn und setzte sich nieder am Bach
Krit, der zum Jordan fließt. 6 Und die Raben brachten ihm Brot und
Fleisch des Morgens und des Abends, und er trank aus dem Bach.
7 Und es geschah nach einiger Zeit, dass der Bach vertrocknete; denn
es war kein Regen im Lande. 8 Da kam das Wort des Herrn zu ihm:
9 Mach dich auf und geh nach Sarepta, das zu Sidon gehört, und bleibe
dort; denn ich habe dort einer Witwe geboten, dass sie dich versorge.

10 Und er machte sich auf und ging nach Sarepta. Und als er an das

Tor der Stadt kam, siehe, da war eine Witwe, die las Holz auf. Und
er rief ihr zu und sprach: Hole mir ein wenig Wasser im Gefäß, dass
ich trinke! 11 Und als sie hinging zu holen, rief er ihr nach und sprach:
Bringe mir auch einen Bissen Brot mit! 12 Sie sprach: So wahr der
HERR, dein Gott, lebt: Ich habe nichts Gebackenes, nur eine Hand-
voll Mehl im Topf und ein wenig Öl im Krug. Und siehe, ich habe ein
Scheit Holz oder zwei aufgelesen und gehe heim und will's mir und
meinem Sohn zubereiten, dass wir essen – und sterben.
13 Elia sprach zu ihr: Fürchte dich nicht! Geh hin und mach's, wie
du gesagt hast. Doch mache zuerst mir etwas Gebackenes davon
und bringe mir's heraus; dir aber und deinem Sohn sollst du danach
auch etwas backen. 14 Denn so spricht der HERR, der Gott Israels:
Das Mehl im Topf soll nicht verzehrt werden, und dem Ölkrug soll
nichts mangeln bis auf den Tag, an dem der HERR regnen lassen
wird auf Erden. 15 Sie ging hin und tat, wie Elia gesagt hatte. Und
er aß und sie auch und ihr Sohn Tag um Tag. 16 Das Mehl im Topf
wurde nicht verzehrt, und dem Ölkrug mangelte nichts nach dem
Wort des HERRN, das er geredet hatte durch Elia.
17 Und nach diesen Geschichten wurde der Sohn dieser Frau, sei-
ner Hauswirtin, krank, und seine Krankheit wurde so schwer, dass
kein Odem mehr in ihm blieb. 18 Und sie sprach zu Elia: Was hab ich
mit dir zu schaffen, du Mann Gottes? Du bist zu mir gekommen,
dass meiner Sünde gedacht und mein Sohn getötet würde.
19 Er sprach zu ihr: Gib mir deinen Sohn! Und er nahm ihn von ihrem
Schoß und ging hinauf ins Obergemach, wo er wohnte, und legte ihn
auf sein Bett 20 und rief den HERRN an und sprach: HERR, mein Gott,
tust du sogar der Witwe, bei der ich ein Gast bin, so Übles an, dass du
ihren Sohn tötest? 21 Und er legte sich auf das Kind drei Mal und rief
den HERRN an und sprach: HERR, mein Gott, lass das Leben in dies
Kind zurückkehren! 22 Und der HERR erhörte die Stimme Elias, und
das Leben kehrte in das Kind zurück, und es wurde wieder lebendig.

[23] Und Elia nahm das Kind und brachte es hinab vom Obergemach
ins Haus und gab es seiner Mutter und sprach: Siehe, dein Sohn lebt!
[24] Und die Frau sprach zu Elia: Nun erkenne ich, dass du ein Mann
Gottes bist, und des HERRN Wort in deinem Munde ist Wahrheit.

Das Gottesurteil am Berg Karmel (1. Kön 18)

Nach einer langen Zeit kam das Wort des HERRN zu Elia, im drit-
ten Jahr: Geh hin und zeige dich Ahab, denn ich will regnen lassen
auf die Erde. [2] Und Elia ging hin, um sich Ahab zu zeigen.

Es war aber eine große Hungersnot in Samaria. [3] Und Ahab rief
Obadja, seinen Hofmeister – Obadja aber fürchtete den HERRN
sehr; [4] denn als Isebel die Propheten des HERRN ausrottete, nahm
Obadja hundert Propheten und versteckte sie in Höhlen, hier fünf-
zig und da fünfzig, und versorgte sie mit Brot und Wasser –; [5] und
Ahab sprach zu Obadja: Zieh durchs Land zu allen Wasserquellen
und Bächen, ob wir Gras finden und die Rosse und Maultiere er-
halten könnten, damit wir keines der Tiere töten müssen. [6] Und sie
teilten sich ins Land, dass sie es durchzogen. Ahab zog allein auf
dem einen Weg und Obadja auch allein auf dem andern Weg.

[7] Als nun Obadja auf dem Wege war, siehe, da begegnete ihm
Elia. Und als er ihn erkannte, fiel er auf sein Antlitz und sprach:
Bist du es, Elia, mein Herr? [8] Er sprach: Ja! Geh hin und sage dei-
nem Herrn: Siehe, Elia ist da! [9] Obadja aber sprach: Was hab ich
gesündigt, dass du deinen Knecht in die Hände Ahabs geben willst,
dass er mich töte? [10] So wahr der HERR, dein Gott, lebt: Es gibt kein
Volk noch Königreich, wohin mein Herr nicht gesandt hat, dich zu
suchen. Und wenn sie sprachen: Er ist nicht hier, nahm er einen Eid
von dem Königreich und Volk, dass man dich nicht gefunden hätte.
[11] Und nun sprichst du: Geh hin, sage deinem Herrn: Siehe, Elia ist
da! [12] Wenn ich nun hinginge von dir, so könnte dich der Geist des
HERRN hinwegnehmen, und ich wüsste nicht wohin; und wenn ich

dann käme und sagte es Ahab an und er fände dich nicht, so tötete er mich. Und doch fürchtet dein Knecht den HERRN von seiner Jugend auf. [13] Ist's meinem Herrn Elia nicht angesagt, was ich getan habe, als Isebel die Propheten des HERRN tötete? Dass ich von den Propheten des HERRN hundert versteckte, hier fünfzig und da fünfzig, in Höhlen und versorgte sie mit Brot und Wasser? [14] Und nun sprichst du: Geh hin, sage deinem Herrn: Elia ist da! Dann wird er mich töten. [15] Elia sprach: So wahr der HERR Zebaoth lebt, vor dem ich stehe: Ich will mich ihm heute zeigen.

[16] Da ging Obadja hin Ahab entgegen und sagte es ihm an. Und Ahab ging hin Elia entgegen. [17] Und als Ahab Elia sah, sprach Ahab zu ihm: Bist du es, der Israel ins Unglück stürzt? [18] Er aber sprach: Nicht ich stürze Israel ins Unglück, sondern du und deines Vaters Haus dadurch, dass ihr des HERRN Gebote verlassen habt, und du den Baalen nachgelaufen bist. [19] Wohlan, so sende nun hin und versammle zu mir ganz Israel auf den Berg Karmel und die vierhundertfünfzig Propheten Baals, auch die vierhundert Propheten der Aschera, die vom Tisch Isebels essen. [20] So sandte Ahab hin zu allen Israeliten und versammelte die Propheten auf den Berg Karmel.

[21] Da trat Elia zu allem Volk und sprach: Wie lange hinkt ihr auf beiden Seiten? Ist der Herr Gott, so wandelt ihm nach, ist's aber Baal, so wandelt ihm nach. Und das Volk antwortete ihm nichts. [22] Da sprach Elia zum Volk: Ich bin allein übrig geblieben als Prophet des HERRN, aber die Propheten Baals sind vierhundertfünfzig Mann. [23] So gebt uns nun zwei junge Stiere und lasst sie wählen einen Stier und ihn zerstücken und aufs Holz legen, aber kein Feuer daran legen; dann will ich den andern Stier herrichten und aufs Holz legen und auch kein Feuer daran legen. [24] Und ruft ihr den Namen eures Gottes an, ich aber will den Namen des HERRN anrufen. Welcher Gott nun mit Feuer antworten wird, der ist Gott. Und das ganze Volk antwortete und sprach: Das ist recht.

[25] Und Elia sprach zu den Propheten Baals: Wählt ihr einen Stier
und richtet zuerst zu, denn ihr seid viele, und ruft den Namen eu-
res Gottes an, aber legt kein Feuer daran. [26] Und sie nahmen den
Stier, den man ihnen gab, und richteten zu und riefen den Namen
Baals an vom Morgen bis zum Mittag und sprachen: Baal, erhöre
uns! Aber es war da keine Stimme noch Antwort. Und sie hinkten
um den Altar, den sie gemacht hatten. [27] Als es nun Mittag wurde,
verspottete sie Elia und sprach: Ruft laut! Denn er ist ja ein Gott; er
ist in Gedanken oder hat zu schaffen oder ist über Land oder schläft
vielleicht, dass er aufwache. [28] Und sie riefen laut und ritzten sich
mit Messern und Spießen nach ihrer Weise, bis ihr Blut herabfloss.
[29] Als aber der Mittag vergangen war, waren sie in Verzückung bis
um die Zeit, zu der man das Speisopfer darbringt; aber da war keine
Stimme noch Antwort noch einer, der aufmerkte.

[30] Da sprach Elia zu allem Volk: Kommt her zu mir! Und als alles
Volk zu ihm trat, baute er den Altar des HERRN wieder auf, der
zerbrochen war. [31] Und Elia nahm zwölf Steine nach der Zahl der
Stämme der Söhne Jakobs – zu dem das Wort des HERRN ergan-
gen war: Du sollst Israel heißen – [32] und baute von den Steinen
einen Altar im Namen des HERRN und machte um den Altar her
einen Graben, so breit wie für zwei Maß Aussaat, [33] und richtete
das Holz zu und zerstückte den Stier und legte ihn aufs Holz.
[34] Und Elia sprach: Holt vier Eimer voll Wasser und gießt es auf das
Brandopfer und aufs Holz! Und er sprach: Tut's noch einmal! Und
sie taten's noch einmal. Und er sprach: Tut's zum dritten Mal! Und
sie taten's zum dritten Mal. [35] Und das Wasser lief um den Altar her,
und der Graben wurde auch voll Wasser.

[36] Und als es Zeit war, das Speisopfer zu opfern, trat der Prophet
Elia herzu und sprach: HERR, Gott Abrahams, Isaaks und Israels,
lass heute kundwerden, dass du Gott in Israel bist und ich dein
Knecht und dass ich all das nach deinem Wort getan habe! [37] Erhöre

mich, HERR, erhöre mich, dass dies Volk erkenne, dass du, HERR,
Gott bist und ihr Herz wieder zu dir kehrst!
38 Da fiel das Feuer des HERRN herab und fraß Brandopfer, Holz,
Steine und Erde und leckte das Wasser auf im Graben. 39 Als das
alles Volk sah, fielen sie auf ihr Angesicht und sprachen: Der HERR
ist Gott, der HERR ist Gott! 40 Elia aber sprach zu ihnen: Greift die
Propheten Baals, dass keiner von ihnen entrinne! Und sie ergriffen
sie. Und Elia führte sie hinab an den Bach Kischon und schlachtete
sie daselbst.
41 Und Elia sprach zu Ahab: Zieh hinauf, iss und trink; denn es
rauscht, als wollte es sehr regnen. 42 Und als Ahab hinaufzog, um zu
essen und zu trinken, ging Elia auf den Gipfel des Karmel und bückte
sich zur Erde und hielt sein Haupt zwischen seine Knie 43 und sprach
zu seinem Diener: Geh hinauf und schaue zum Meer hin! Er ging
hinauf und schaute und sprach: Es ist nichts da. Elia sprach: Geh
wieder hinauf! So geschah es siebenmal. 44 Und beim siebenten Mal
sprach er: Siehe, es steigt eine kleine Wolke auf aus dem Meer wie
eines Mannes Hand. Elia sprach: Geh hinauf und sage Ahab: Spann
an und fahre hinab, damit dich der Regen nicht aufhält! 45 Und ehe
man sich's versah, wurde der Himmel schwarz von Wolken und
Wind, und es kam ein großer Regen. Ahab aber fuhr hinab nach Jes-
reel. 46 Und die Hand des HERRN kam über Elia, und er gürtete seine
Lenden und lief vor Ahab hin, bis er kam nach Jesreel.

Elia in der Wüste (1. Kön 19,1-18)

Und Ahab sagte Isebel alles, was Elia getan hatte und wie er alle Pro-
pheten Baals mit dem Schwert umgebracht hatte. 2 Da sandte Isebel
einen Boten zu Elia und ließ ihm sagen: Die Götter sollen mir dies
und das tun, wenn ich nicht morgen um diese Zeit dir tue, wie du
diesen getan hast! 3 Da fürchtete er sich, machte sich auf und lief um

sein Leben und kam nach Beerscheba in Juda und ließ seinen Diener
dort. 4 Er aber ging hin in die Wüste eine Tagereise weit und kam
und setzte sich unter einen Ginster und wünschte sich zu sterben
und sprach: Es ist genug, so nimm nun, HERR, meine Seele; ich bin
nicht besser als meine Väter.

5 Und er legte sich hin und schlief unter dem Ginster. Und siehe,
ein Engel rührte ihn an und sprach zu ihm: Steh auf und iss! 6 Und
er sah sich um, und siehe, zu seinen Häupten lag ein geröstetes Brot
und ein Krug mit Wasser. Und als er gegessen und getrunken hatte,
legte er sich wieder schlafen. 7 Und der Engel des HERRN kam zum
zweiten Mal wieder und rührte ihn an und sprach: Steh auf und iss!
Denn du hast einen weiten Weg vor dir. 8 Und er stand auf und aß
und trank und ging durch die Kraft der Speise vierzig Tage und vier-
zig Nächte bis zum Berg Gottes, dem Horeb.

9 Und er kam dort in eine Höhle und blieb dort über Nacht.
Und siehe, das Wort des HERRN kam zu ihm: Was machst du
hier, Elia? 10 Er sprach: Ich habe geeifert für den HERRN, den
Gott Zebaoth; denn die Israeliten haben deinen Bund verlas-
sen und deine Altäre zerbrochen und deine Propheten mit dem
Schwert getötet und ich bin allein übrig geblieben, und sie trach-
ten danach, dass sie mir mein Leben nehmen.

11 Der Herr sprach: Geh heraus und tritt hin auf den Berg vor den
HERRN! Und siehe, der HERR ging vorüber. Und ein großer, star-
ker Wind, der die Berge zerriss und die Felsen zerbrach, kam vor
dem HERRN her; der HERR aber war nicht im Winde. Nach dem
Wind aber kam ein Erdbeben; aber der HERR war nicht im Erd-
beben. 12 Und nach dem Erdbeben kam ein Feuer; aber der HERR
war nicht im Feuer. Und nach dem Feuer kam ein stilles, sanftes
Sausen. 13 Als das Elia hörte, verhüllte er sein Antlitz mit seinem
Mantel und ging hinaus und trat in den Eingang der Höhle.

Und siehe, da kam eine Stimme zu ihm und sprach: Was hast du
hier zu tun, Elia? 14 Er sprach: Ich habe für den HERRN, den Gott
Zebaoth, geeifert; denn die Israeliten haben deinen Bund verlassen,
deine Altäre zerbrochen, deine Propheten mit dem Schwert getö-
tet und ich bin allein übrig geblieben, und sie trachten danach, dass
sie mir das Leben nehmen. 15 Aber der HERR sprach zu ihm: Geh
wieder deines Weges durch die Wüste nach Damaskus und geh hi-
nein und salbe Hasaël zum König über Aram 16 und Jehu, den Sohn
Nimschis, zum König über Israel und Elisa, den Sohn Schafats, von
Abel-Mehola zum Propheten an deiner statt. 17 Und es soll gesche-
hen: Wer dem Schwert Hasaëls entrinnt, den soll Jehu töten, und
wer dem Schwert Jehus entrinnt, den soll Elisa töten. 18 Und ich will
übrig lassen siebentausend in Israel, alle Knie, die sich nicht gebeugt
haben vor Baal, und jeden Mund, der ihn nicht geküsst hat.

Hiob leidet

»Hiobsbotschaften« stehen bis heute sprichwörtlich für niederschmetternde Nachrichten aller Art. Die Redewendung geht auf das Buch Hiob zurück, der ersten von insgesamt fünf biblischen Schriften, die sich im Alten Testament zwischen den Geschichts- und den Prophetenbüchern finden. Das Buch Hiob greift eine der Grundfragen des menschlichen Lebens auf: Warum müssen Menschen, die sich nichts haben zuschulden kommen lassen, oftmals dennoch schwer leiden? Und warum geht es Übeltätern und Verbrechern oftmals so gut? Wo bleibt da die Gerechtigkeit? Und kann man dennoch an einen gütigen und gerechten Gott glauben?

Dazu erzählt dieses Buch die Geschichte eines sehr reichen und rechtschaffenen Mannes namens Hiob. Die Erzählung bewegt sich auf zwei Ebenen: Sie schildert zum einen das Geschehen auf der Erde, bei dem Hiob ins Unglück stürzt. Und sie berichtet zum andern von einer Versammlung im Himmel, in der sich Gott mit dem Satan auseinandersetzt. Die Gestalt des Satans ist hier weniger als Gegenspieler Gottes vorgestellt, sondern eher als Feind der Menschen. Er fordert Gott dazu heraus, Hiob auf die Probe zu stellen. Als Hiob daraufhin seinen ganzen Besitz und sogar seine Gesundheit verliert, hält er zwar zunächst schicksalsergeben an seiner Frömmigkeit fest, doch nach der Ankunft dreier Freunde verfällt er dann doch in die Klage und macht sogar Gott selbst schwere Vorwürfe. Die darauf folgende Diskussion über das Leiden, die Hiob zunächst mit seinen Freunden führt und schließlich auch mit Gott, wird in der vorliegenden Textauswahl nicht mehr wiedergegeben. *(Hiob 1,1–3,26)*

Es war ein Mann im Lande Uz, der hieß Hiob. Der war fromm und
rechtschaffen, gottesfürchtig und mied das Böse. 2 Und er zeugte sie-
ben Söhne und drei Töchter, 3 und er besaß siebentausend Schafe,
dreitausend Kamele, fünfhundert Joch Rinder und fünfhundert
Eselinnen und sehr viel Gesinde, und er war reicher als alle, die im
Osten wohnten. 4 Und seine Söhne gingen hin und machten ein
Gastmahl, ein jeder in seinem Hause an seinem Tag, und sie sand-
ten hin und luden ihre drei Schwestern ein, mit ihnen zu essen und
zu trinken. 5 Und wenn die Tage des Mahles um waren, sandte Hiob
hin und heiligte sie und machte sich früh am Morgen auf und op-
ferte Brandopfer nach ihrer aller Zahl; denn Hiob dachte: Meine
Söhne könnten gesündigt und Gott abgesagt haben in ihrem Her-
zen. So tat Hiob allezeit.

6 Es begab sich aber eines Tages, da die Gottessöhne kamen und
vor den HERRN traten, kam auch der Satan mit ihnen. 7 Der HERR
aber sprach zu dem Satan: Wo kommst du her? Der Satan ant-
wortete dem HERRN und sprach: Ich habe die Erde hin und her
durchzogen. 8 Der HERR sprach zum Satan: Hast du achtgehabt auf
meinen Knecht Hiob? Denn es ist seinesgleichen nicht auf Erden,
fromm und rechtschaffen, gottesfürchtig und meidet das Böse.

9 Der Satan antwortete dem HERRN und sprach: Meinst du, dass
Hiob Gott umsonst fürchtet? 10 Hast du doch ihn, sein Haus und
alles, was er hat, ringsumher bewahrt. Du hast das Werk seiner
Hände gesegnet, und sein Besitz hat sich ausgebreitet im Lande.
11 Aber strecke deine Hand aus und taste alles an, was er hat: Was

gilt's, er wird dir ins Angesicht fluchen! 12 Der HERR sprach zum
Satan: Siehe, alles, was er hat, sei in deiner Hand; nur an ihn selbst
lege deine Hand nicht. Da ging der Satan hinaus von dem HERRN.
13 Eines Tages aber, da seine Söhne und Töchter aßen und Wein
tranken im Hause ihres Bruders, des Erstgeborenen, 14 kam ein Bote
zu Hiob und sprach: Die Rinder pflügten und die Eselinnen gingen
neben ihnen auf der Weide, 15 da fielen die aus Saba ein und nahmen
sie weg und erschlugen die Knechte mit der Schärfe des Schwerts,
und ich allein bin entronnen, dass ich dir's ansagte.

Lauter Hiobsbotschaften

16 Als der noch redete, kam ein anderer und sprach:
Feuer Gottes fiel vom Himmel und verbrannte Schafe
und Knechte und verzehrte sie, und ich allein bin
entronnen, dass ich dir's ansagte. 17 Als der noch redete, kam einer
und sprach: Die Chaldäer machten drei Abteilungen und fielen über
die Kamele her und nahmen sie weg und erschlugen die Knechte
mit der Schärfe des Schwerts, und ich allein bin entronnen, dass ich
dir's ansagte. 18 Als der noch redete, kam einer und sprach: Deine
Söhne und Töchter aßen und tranken im Hause ihres Bruders, des
Erstgeborenen, 19 und siehe, da kam ein großer Wind von der Wüste
her und stieß an die vier Ecken des Hauses; da fiel es auf die jungen
Leute, dass sie starben, und ich allein bin entronnen, dass ich dir's
ansagte.
20 Da stand Hiob auf und zerriss sein Kleid und schor sein Haupt
und fiel auf die Erde und neigte sich tief 21 und sprach: Ich bin nackt
von meiner Mutter Leibe gekommen, nackt werde ich wieder da-
hinfahren. Der Herr hat's gegeben, der Herr hat's genommen; der
Name des Herrn sei gelobt! – 22 In diesem allen sündigte Hiob nicht
und tat nichts Törichtes wider Gott.
2 Es begab sich aber eines Tages, da die Gottessöhne kamen und
vor den HERRN traten, dass auch der Satan mit ihnen kam und vor

den HERRN trat. 2 Da sprach der HERR zu dem Satan: Wo kommst
du her? Der Satan antwortete dem HERRN und sprach: Ich habe die
Erde hin und her durchzogen. 3 Der HERR sprach zu dem Satan:
Hast du acht auf meinen Knecht Hiob gehabt? Denn es ist seines-
gleichen auf Erden nicht, fromm und rechtschaffen, gottesfürchtig
und meidet das Böse und hält noch fest an seiner Frömmigkeit; du
aber hast mich bewogen, ihn ohne Grund zu verderben.

4 Der Satan antwortete dem HERRN und sprach: Haut für Haut!
Und alles, was ein Mann hat, lässt er für sein Leben. 5 Aber strecke
deine Hand aus und taste sein Gebein und Fleisch an: Was gilt's, er
wird dir ins Angesicht fluchen! 6 Der HERR sprach zu dem Satan:
Siehe da, er sei in deiner Hand, doch schone sein Leben!

7 Da ging der Satan hinaus vom Angesicht des HERRN und schlug
Hiob mit bösen Geschwüren von der Fußsohle an bis auf seinen
Scheitel. 8 Und er nahm eine Scherbe und schabte sich und saß in
der Asche. 9 Und seine Frau sprach zu ihm: Hältst du noch fest an
deiner Frömmigkeit? Fluche Gott und stirb! 10 Er aber sprach zu
ihr: Du redest, wie die törichten Frauen reden. Haben wir Gutes
empfangen von Gott und sollten das Böse nicht auch annehmen? In
diesem allen versündigte sich Hiob nicht mit seinen Lippen.

11 Als aber die drei Freunde Hiobs all das Unglück hörten, das über
ihn gekommen war, kamen sie, ein jeder aus seinem Ort: Elifas von
Teman, Bildad von Schuach und Zofar von Naama. Denn sie wur-
den eins, dass sie kämen, ihn zu beklagen und zu trösten. 12 Und als
sie ihre Augen aufhoben von ferne, erkannten sie ihn nicht und erho-
ben ihre Stimme und weinten, und ein jeder zerriss sein Kleid, und
sie warfen Staub gen Himmel auf ihr Haupt 13 und saßen mit ihm
auf der Erde sieben Tage und sieben Nächte und redeten nichts mit
ihm; denn sie sahen, dass der Schmerz sehr groß war.

3 Danach tat Hiob seinen Mund auf und verfluchte seinen Tag.
2 Und Hiob sprach:

Hiob verflucht seine Geburt

3 Ausgelöscht sei der Tag, an dem ich geboren bin, und die Nacht,
da man sprach: Ein Knabe kam zur Welt! 4 Jener Tag sei Finsternis,
und Gott droben frage nicht nach ihm! Kein Glanz
soll über ihm scheinen! 5 Finsternis und Dunkel
sollen ihn überwältigen und düstere Wolken über
ihm bleiben, und Verfinsterung am Tage mache
ihn schrecklich! 6 Jene Nacht – das Dunkel nehme sie hinweg, sie
soll sich nicht unter den Tagen des Jahres freuen noch in die Zahl
der Monde kommen! 7 Siehe, jene Nacht sei unfruchtbar und kein
Jauchzen darin! 8 Es sollen sie verfluchen, die einen Tag verfluchen
können, und die da kundig sind, den Leviatan zu wecken! 9 Ihre
Sterne sollen finster sein in ihrer Dämmerung. Die Nacht hoffe aufs
Licht, doch es komme nicht, und sie sehe nicht die Wimpern der
Morgenröte, 10 weil sie nicht verschlossen hat die Tür des Leibes meiner Mutter und nicht verborgen das Unglück vor meinen Augen!

11 Warum bin ich nicht gestorben im Mutterschoß? Warum bin ich
nicht umgekommen, als ich aus dem Mutterleib kam? 12 Warum hat
man mich auf den Schoß genommen? Warum bin ich an den Brüsten gesäugt? 13 Dann läge ich da und wäre still, dann schliefe ich und
hätte Ruhe 14 mit den Königen und Ratsherren auf Erden, die sich
Grüfte erbauten, 15 oder mit den Fürsten, die Gold hatten und deren
Häuser voll Silber waren; 16 wie eine Fehlgeburt, die man verscharrt
hat, hätte ich nie gelebt, wie Kinder, die das Licht nie gesehen haben.
17 Dort haben die Frevler aufgehört mit Toben; dort ruhen, die viel
Mühe gehabt haben. 18 Da haben die Gefangenen allesamt Frieden
und hören nicht die Stimme des Treibers. 19 Da sind Klein und Groß
gleich und der Knecht ist frei von seinem Herrn.

20 Warum gibt Gott das Licht dem Mühseligen und das Leben den
betrübten Herzen – 21 die auf den Tod warten, und er kommt nicht,
und nach ihm suchen mehr als nach Schätzen, 22 die sich sehr freuten und fröhlich wären, wenn sie ein Grab bekämen –, 23 dem Mann,

dessen Weg verborgen ist, dem Gott den Pfad ringsum verdeckt hat?
[24] Denn wenn ich essen soll, muss ich seufzen, und mein Schreien
fährt heraus wie Wasser. [25] Denn was ich gefürchtet habe, ist über
mich gekommen, und wovor mir graute, hat mich getroffen. [26] Ich
hatte keinen Frieden, keine Rast, keine Ruhe, da kam schon wieder
ein Ungemach!

Die Psalmen

Bis heute prägt das Buch der Psalmen – der Psalter – Frömmigkeit und Gebet in Judentum und Christentum. Das Wort »Psalmen« geht auf das Griechische zurück und bezeichnet Lieder, die zur Musik eines Saiteninstruments gesungen werden. Der Psalter umfasst 150 solche Lieder und Gebete. Sie sind über einen langen Zeitraum hinweg entstanden und wurden vermutlich am Tempel in Jerusalem gesammelt. Doch finden sich darunter nicht nur Lieder für den Gottesdienst, sondern auch Gebete von Einzelnen und weisheitliche Reflexionen, die einen tiefen Einblick in das persönliche Gespräch zwischen Mensch und Gott geben. Im Folgenden werden fünf Psalmen exemplarisch wiedergegeben.

Psalm 1 ist ein sog. Weisheitspsalm und bildet das Eingangsportal zum Psalter. Mittels starker Gegensätze und in pädagogischer Absicht weist er dem Menschen den Weg zu einem erfüllten Leben im Einklang mit seinem Schöpfer. Das Vertrauenslied Psalm 23 ist der wohl bekannteste Text aus dem Psalter. Es bezeugt Gott als guten Hirten sowie als bergenden Gastgeber, klammert aber auch die notvollen Realitäten des Lebens nicht aus. Psalm 90 ist wiederum ein weisheitlicher Psalm, der Elemente der Klage aufweist und um das große Thema der menschlichen Vergänglichkeit kreist. Der großartige Hymnus Psalm 103 besingt die Barmherzigkeit Gottes auf vielfältige Weise und verbindet dabei Elemente des individuellen Dankes mit dem Ausdruck kollektiven Gotteslobes. Psalm 139 schließlich handelt vom Geheimnis der Schöpfung. Dabei geht es ihm weniger um das kreative Schaffen Gottes am Anfang der Zeit als um das Verhältnis des einzelnen Menschen zu seinem Schöpfer.

Psalm 1

Wohl dem, der nicht wandelt im Rat der Gottlosen
noch tritt auf den Weg der Sünder
noch sitzt, wo die Spötter sitzen,
2 sondern hat Lust am Gesetz des HERRN
und sinnt über seinem Gesetz Tag und Nacht!
3 Der ist wie ein Baum, gepflanzt an den Wasserbächen,
der seine Frucht bringt zu seiner Zeit, und seine Blätter verwelken nicht.
Und was er macht, das gerät wohl.
4 Aber so sind die Gottlosen nicht,
sondern wie Spreu, die der Wind verstreut.
5 Darum bestehen die Gottlosen nicht im Gericht
noch die Sünder in der Gemeinde der Gerechten.
6 Denn der HERR kennt den Weg der Gerechten,
aber der Gottlosen Weg vergeht.

Psalm 23

Der Herr ist mein Hirte,
mir wird nichts mangeln.
2 Er weidet mich auf einer grünen Aue
und führet mich zum frischen Wasser.
3 Er erquicket meine Seele.
Er führet mich auf rechter Straße um seines Namens willen.

4 Und ob ich schon wanderte im finstern Tal,
fürchte ich kein Unglück;
denn du bist bei mir,
dein Stecken und Stab trösten mich.
5 Du bereitest vor mir einen Tisch
im Angesicht meiner Feinde.
Du salbest mein Haupt mit Öl
und schenkest mir voll ein.
6 Gutes und Barmherzigkeit werden mir folgen mein Leben lang,
und ich werde bleiben im Hause des Herrn immerdar.

Psalm 90

HERR, du bist unsre Zuflucht für und für.
2 Ehe denn die Berge wurden und die Erde und die Welt geschaffen wurden,
bist du, Gott, von Ewigkeit zu Ewigkeit.
3 Der du die Menschen lässest sterben
und sprichst: Kommt wieder, Menschenkinder!
4 Denn tausend Jahre sind vor dir
wie der Tag, der gestern vergangen ist,
und wie eine Nachtwache.
5 Du lässest sie dahinfahren wie einen Strom,
sie sind wie ein Schlaf,
wie ein Gras, das am Morgen noch sprosst,
6 das am Morgen blüht und sprosst
und des Abends welkt und verdorrt.
7 Das macht dein Zorn, dass wir so vergehen,
und dein Grimm, dass wir so plötzlich dahinmüssen.
8 Denn unsre Missetaten stellst du vor dich,
unsre unerkannte Sünde ins Licht vor deinem Angesicht.

9 Darum fahren alle unsre Tage dahin durch deinen Zorn,
wir bringen unsre Jahre zu wie ein Geschwätz.
10 Unser Leben währet siebzig Jahre,
und wenn's hoch kommt, so sind's achtzig Jahre,
und was daran köstlich scheint,
ist doch nur vergebliche Mühe;
denn es fähret schnell dahin,
als flögen wir davon.
11 Wer glaubt's aber, dass du so sehr zürnest,
und wer fürchtet sich vor dir in deinem Grimm?
12 Lehre uns bedenken, dass wir sterben müssen,
auf dass wir klug werden.
13 Herr, kehre dich doch endlich wieder zu uns
und sei deinen Knechten gnädig!
14 Fülle uns frühe mit deiner Gnade,
so wollen wir rühmen und fröhlich sein unser Leben lang.
15 Erfreue uns nun wieder, nachdem du uns so lange plagest,
nachdem wir so lange Unglück leiden.
16 Zeige deinen Knechten deine Werke
und deine Herrlichkeit ihren Kindern.
17 Und der Herr, unser Gott, sei uns freundlich
und fördere das Werk unsrer Hände bei uns.
Ja, das Werk unsrer Hände wollest du fördern!

Psalm 103

Lobe den Herrn, meine Seele,
und was in mir ist, seinen heiligen Namen!
2 Lobe den Herrn, meine Seele,
und vergiss nicht, was er dir Gutes getan hat:

3 der dir alle deine Sünde vergibt
und heilet alle deine Gebrechen,
4 der dein Leben vom Verderben erlöst,
der dich krönet mit Gnade und Barmherzigkeit,
5 der deinen Mund fröhlich macht
und du wieder jung wirst wie ein Adler.
6 Der HERR schafft Gerechtigkeit und Recht
allen, die Unrecht leiden.
7 Er hat seine Wege Mose wissen lassen,
die Kinder Israel sein Tun.
8 Barmherzig und gnädig ist der Herr,
geduldig und von großer Güte.
9 Er wird nicht für immer hadern
noch ewig zornig bleiben.
10 Er handelt nicht mit uns nach unsern Sünden
und vergilt uns nicht nach unsrer Missetat.
11 Denn so hoch der Himmel über der Erde ist,
lässt er seine Gnade walten über denen, die ihn fürchten.
12 So fern der Morgen ist vom Abend,
lässt er unsre Übertretungen von uns sein.
13 Wie sich ein Vater über Kinder erbarmt,
so erbarmt sich der Herr über die, die ihn fürchten.
14 Denn er weiß, was für ein Gebilde wir sind;
er gedenkt daran, dass wir Staub sind.
15 Ein Mensch ist in seinem Leben wie Gras,
er blüht wie eine Blume auf dem Felde;
16 wenn der Wind darüber geht, so ist sie nimmer da,
und ihre Stätte kennet sie nicht mehr.

17 Die Gnade aber des HERRN währt von Ewigkeit zu Ewigkeit
über denen, die ihn fürchten,
und seine Gerechtigkeit auf Kindeskind
18 bei denen, die seinen Bund halten
und gedenken an seine Gebote,
dass sie danach tun.
19 Der HERR hat seinen Thron im Himmel errichtet,
und sein Reich herrscht über alles.
20 Lobet den HERRN, ihr seine Engel,
ihr starken Helden, die ihr sein Wort ausführt,
dass man höre auf die Stimme seines Wortes!
21 Lobet den HERRN, alle seine Heerscharen,
seine Diener, die ihr seinen Willen tut!
22 Lobet den HERRN, alle seine Werke,
an allen Orten seiner Herrschaft!
Lobe den HERRN, meine Seele!

Psalm 139

HERR, du erforschest mich
und kennest mich.
2 Ich sitze oder stehe auf, so weißt du es;
du verstehst meine Gedanken von ferne.
3 Ich gehe oder liege, so bist du um mich
und siehst alle meine Wege.
4 Denn siehe, es ist kein Wort auf meiner Zunge,
das du, HERR, nicht alles wüsstest.
5 Von allen Seiten umgibst du mich
und hältst deine Hand über mir.
6 Diese Erkenntnis ist mir zu wunderbar und zu hoch,
ich kann sie nicht begreifen.

7 Wohin soll ich gehen vor deinem Geist,
und wohin soll ich fliehen vor deinem Angesicht?
8 Führe ich gen Himmel, so bist du da;
bettete ich mich bei den Toten, siehe, so bist du auch da.
9 Nähme ich Flügel der Morgenröte
und bliebe am äußersten Meer,
10 so würde auch dort deine Hand mich führen
und deine Rechte mich halten.
11 Spräche ich: Finsternis möge mich decken
und Nacht statt Licht um mich sein –,
12 so wäre auch Finsternis nicht finster bei dir,
und die Nacht leuchtete wie der Tag.
Finsternis ist wie das Licht.
13 Denn du hast meine Nieren bereitet
und hast mich gebildet im Mutterleibe.
14 Ich danke dir dafür,
dass ich wunderbar gemacht bin;
wunderbar sind deine Werke;
das erkennt meine Seele.
15 Es war dir mein Gebein nicht verborgen,
da ich im Verborgenen gemacht wurde,
da ich gebildet wurde unten in der Erde.
16 Deine Augen sahen mich,
da ich noch nicht bereitet war,
und alle Tage waren in dein Buch geschrieben,
die noch werden sollten und von denen keiner da war.
17 Aber wie schwer sind für mich, Gott, deine Gedanken!
Wie ist ihre Summe so groß!
18 Wollte ich sie zählen, so wären sie mehr als der Sand:
Wenn ich aufwache, bin ich noch immer bei dir.

19 Ach, Gott, wolltest du doch den Frevler töten!
Dass doch die Blutgierigen von mir wichen!
20 Denn voller Tücke reden sie von dir,
und deine Feinde erheben sich ohne Ursache.
21 Sollte ich nicht hassen, HERR, die dich hassen,
und verabscheuen, die sich gegen dich erheben?
22 Ich hasse sie mit ganzem Ernst;
sie sind mir zu Feinden geworden.
23 Erforsche mich, Gott, und erkenne mein Herz;
prüfe mich und erkenne, wie ich's meine.
24 Und sieh, ob ich auf bösem Wege bin,
und leite mich auf ewigem Wege.

Der Prediger Salomo: Nachdenken über Gott und die Welt

»Es ist alles ganz eitel, sprach der Prediger, es ist alles ganz eitel!« – wie ein Motto steht diese Aussage am Anfang und am Ende des Buches Prediger. Dieses Urteil über das Leben wiederholt der Prediger im Folgenden immer wieder: Alles ist vergeblich, sinnlos, absurd! Das klingt geradezu nihilistisch und ausgesprochen modern. Wie kommt das? Der Prediger lebt in einer Zeit, in der die Griechen durch Alexander den Großen ein neues Lebensgefühl in den Orient gebracht haben (3. Jahrhundert v. Chr.). Menschen sind rastlos auf der Jagd nach Geld und Gut. Darüber vergessen sie, was im Leben wirklich zählt. Doch was ist das eigentlich?

Diese Frage treibt den Prediger um. Dazu nimmt er die Rolle des Königs Salomo an, des reichsten und klügsten Herrschers von Jerusalem. Das Buch steht in der Tradition der Weisheit und ist gleichzeitig Ausdruck ihrer Krise. Denn der traditionelle Glaube an einen Zusammenhang zwischen dem Verhalten und dem Ergehen eines Menschen hat sich – wie schon im Hiobbuch – als brüchig erwiesen. Das Ergehen der Ungerechten löst sich eben nicht im Nichts auf, sondern erweist sich mit Reichtum und Erfolg als eine verlockende Alternative. Und der Tod ist ohnehin der große Gleichmacher. *(Pred 1,1–3,15)*

Dies sind die Reden des Predigers, des Sohnes Davids, des Königs
zu Jerusalem.
2 Es ist alles ganz eitel, sprach der Prediger, es ist alles ganz eitel.
3 Was hat der Mensch für Gewinn von all seiner Mühe, die er hat
unter der Sonne? 4 Ein Geschlecht vergeht, das andere kommt; die
Erde aber bleibt immer bestehen. 5 Die Sonne geht auf und geht un-
ter und läuft an ihren Ort, dass sie dort wieder aufgehe. 6 Der Wind
geht nach Süden und dreht sich nach Norden und wieder herum an
den Ort, wo er anfing. 7 Alle Wasser laufen ins Meer, doch wird das
Meer nicht voller; an den Ort, dahin sie fließen, fließen sie immer
wieder.
8 Alles Reden ist so voll Mühe, dass niemand damit zu Ende
kommt. Das Auge sieht sich niemals satt, und das Ohr hört sich
niemals satt. 9 Was geschehen ist, ebendas wird hernach sein. Was
man getan hat, ebendas tut man hernach wieder, und es geschieht
nichts Neues unter der Sonne. 10 Geschieht etwas, von dem man sa-
gen könnte: »Sieh, das ist neu!« – Es ist längst zuvor auch geschehen
in den Zeiten, die vor uns gewesen sind. 11 Man gedenkt derer nicht,
die früher gewesen sind, und derer, die hernach kommen; man wird
auch ihrer nicht gedenken bei denen, die noch später sein werden.
12 Ich, der Prediger, war König über Israel zu Jerusalem 13 und rich-
tete mein Herz darauf, die Weisheit zu suchen und zu erforschen bei
allem, was man unter dem Himmel tut. Solch unse-

Ein Haschen nach Wind

lige Mühe hat Gott den Menschenkindern gegeben,
dass sie sich damit quälen sollen. 14 Ich sah an alles
Tun, das unter der Sonne geschieht, und siehe, es war
alles eitel und Haschen nach Wind. 15 Krumm kann nicht gerade
werden, noch, was fehlt, gezählt werden.
16 Ich sprach in meinem Herzen: Siehe, ich bin größer geworden
und habe mehr Weisheit gesammelt als alle, die vor mir gewesen

sind zu Jerusalem, und mein Herz hat viel gelernt und erfahren.
17 Und ich richtete mein Herz darauf, dass ich lernte Weisheit und
erkennte Tollheit und Torheit. Ich ward aber gewahr, dass auch dies
ein Haschen nach Wind ist. 18 Denn wo viel Weisheit ist, da ist viel
Grämen, und wer viel lernt, der muss viel leiden.

2 Ich sprach in meinem Herzen: Wohlan, ich will Wohlleben und
gute Tage haben! Aber siehe, das war auch eitel. 2 Ich sprach zum
Lachen: Du bist närrisch!, und zur Freude: Was machst du?

3 Da dachte ich in meinem Herzen, meinen Leib mit Wein zu la-
ben, doch so, dass mein Herz mich mit Weisheit leitete, und mich
an Torheit zu halten, bis ich sähe, was den Menschen zu tun gut
wäre, solange sie unter dem Himmel leben. 4 Ich tat große Dinge: Ich
baute mir Häuser, ich pflanzte mir Weinberge, 5 ich machte mir Gär-
ten und Lustgärten und pflanzte allerlei fruchtbare Bäume hinein;
6 ich machte mir Teiche, daraus zu bewässern den Wald grünender
Bäume. 7 Ich erwarb mir Knechte und Mägde und hatte auch Ge-
sinde, im Hause geboren; ich hatte eine größere Habe an Rindern
und Schafen als alle, die vor mir zu Jerusalem waren. 8 Ich sammelte
mir auch Silber und Gold und was Könige und Länder besitzen; ich
beschaffte mir Sänger und Sängerinnen und die Wonne der Men-
schen, allerlei Saitenspiel, 9 und war größer als alle, die vor mir zu
Jerusalem waren. Auch da blieb meine Weisheit bei mir. 10 Und alles,
was meine Augen wünschten, das gab ich ihnen und verwehrte mei-
nem Herzen keine Freude, sodass es fröhlich war von aller meiner
Mühe; und das war mein Teil von aller meiner Mühe. 11 Als ich aber
ansah alle meine Werke, die meine Hand getan hatte, und die Mühe,
die ich gehabt hatte, siehe, da war es alles eitel und Haschen nach
Wind und kein Gewinn unter der Sonne.

12 Da wandte ich mich, zu betrachten die Weisheit und die Tollheit
und Torheit. Denn was wird der Mensch tun, der nach dem König

kommen wird? Was man schon längst getan hat. [13] Da sah ich, dass
die Weisheit die Torheit übertrifft wie das Licht die Finsternis. [14] Der
Weise hat seine Augen im Kopf, aber der Tor geht in der Finsternis;
und ich merkte doch, dass es dem einen geht wie dem andern. [15] Da
dachte ich in meinem Herzen: Wenn es denn mir geht wie dem To-
ren, warum hab ich dann nach Weisheit getrachtet? Da sprach ich in
meinem Herzen: Auch das ist eitel. [16] Denn man gedenkt des Weisen
nicht für immer, ebenso wenig wie des Toren, und in künftigen Tagen
ist alles vergessen. Wie stirbt doch der Weise samt dem Toren!

[17] Darum verdross es mich zu leben, denn es war mir zuwider, was
unter der Sonne geschieht, dass alles eitel ist und Haschen nach
Wind. [18] Und mich verdross alles, um das ich mich gemüht hatte
unter der Sonne, weil ich es einem Menschen lassen muss, der nach
mir sein wird. [19] Denn wer weiß, ob er weise oder töricht sein wird
und soll doch herrschen über alles, was ich mit Mühe und Weisheit
geschafft habe unter der Sonne. Das ist auch eitel.

[20] Da wandte ich mich dahin, dass ich mein Herz verzweifeln ließ
an allem, um das ich mich mühte unter der Sonne. [21] Denn es muss
ein Mensch, der seine Arbeit mit Weisheit, Verstand und Geschick-
lichkeit mühsam getan hat, es einem andern zum Erbteil überlassen,
der sich nicht darum gemüht hat. Das ist auch eitel und ein gro-
ßes Unglück. [22] Denn was kriegt der Mensch von aller seiner Mühe
und dem Streben seines Herzens, womit er sich abmüht unter der
Sonne? [23] Alle seine Tage sind voller Schmerzen, und voll Kummer
ist sein Mühen, dass auch sein Herz des Nachts nicht Ruhe findet.
Das ist auch eitel.

[24] Ist's nun nicht besser für den Menschen, dass er esse und trinke
und seine Seele guter Dinge sei bei seinem Mühen? Doch dies sah
ich auch, dass es von Gottes Hand kommt. [25] Denn wer kann fröh-
lich essen und genießen, wenn nicht ich? [26] Denn dem Menschen, der

ihm gefällt, gibt er Weisheit, Verstand und Freude; aber dem Sünder
gibt er Mühe, dass er sammle und häufe und es doch dem gegeben
werde, der Gott gefällt. Auch das ist eitel und Haschen nach Wind.

3 Ein jegliches hat seine Zeit, und alles Vorhaben unter dem Him-
mel hat seine Stunde: 2 Geboren werden hat seine Zeit, sterben hat
seine Zeit; pflanzen hat seine Zeit, ausreißen, was ge-
pflanzt ist, hat seine Zeit; 3 töten hat seine Zeit, heilen
hat seine Zeit; abbrechen hat seine Zeit, bauen hat
seine Zeit; 4 weinen hat seine Zeit, lachen hat seine
Zeit; klagen hat seine Zeit, tanzen hat seine Zeit; 5 Steine wegwer-
fen hat seine Zeit, Steine sammeln hat seine Zeit; herzen hat seine
Zeit, aufhören zu herzen hat seine Zeit; 6 suchen hat seine Zeit, ver-
lieren hat seine Zeit; behalten hat seine Zeit, wegwerfen hat seine
Zeit; 7 zerreißen hat seine Zeit, zunähen hat seine Zeit; schweigen
hat seine Zeit, reden hat seine Zeit; 8 lieben hat seine Zeit, hassen hat
seine Zeit; Streit hat seine Zeit, Friede hat seine Zeit.

Ein jegliches hat seine Zeit

9 Man mühe sich ab, wie man will, so hat man keinen Gewinn davon.

10 Ich sah die Arbeit, die Gott den Menschen gegeben hat, dass sie
sich damit plagen. 11 Er hat alles schön gemacht zu seiner Zeit, auch
hat er die Ewigkeit in ihr Herz gelegt; nur dass der Mensch nicht
ergründen kann das Werk, das Gott tut, weder Anfang noch Ende.
12 Da merkte ich, dass es nichts Besseres dabei gibt als fröhlich sein
und sich gütlich tun in seinem Leben. 13 Denn ein jeder Mensch, der
da isst und trinkt und hat guten Mut bei all seinem Mühen, das ist
eine Gabe Gottes.

14 Ich merkte, dass alles, was Gott tut, das besteht für ewig; man
kann nichts dazutun noch wegtun. Das alles tut Gott, dass man sich
vor ihm fürchten soll. 15 Was geschieht, das ist schon längst gewesen,
und was sein wird, ist auch schon längst gewesen; und Gott holt
wieder hervor, was vergangen ist.

Das Hohelied – Liebeslieder der Bibel

Das »Lied der Lieder«, von Luther »Hoheslied« genannt, ist eine Sammlung von Liebesliedern, die nur wenige in der Bibel erwarten. Wie das Buch Prediger wurde auch das Hohelied König Salomo zugeschrieben – und wohl deswegen in den Kanon aufgenommen. Als pure Liebeslyrik, die das Verhältnis zwischen Mann und Frau und deren Liebe zueinander beschreibt, war es schon im antiken Judentum sehr umstritten. Deshalb wurde es häufig auch im übertragenen Sinn auf das Verhältnis Gottes zu seinem Volk gedeutet.

Die Texte heben einen wichtigen Aspekt des biblischen Bildes des Menschen hervor, der bereits in den beiden Schöpfungsberichten deutlich wurde: Der geschöpfliche Mensch existiert nicht einfach »für sich« allein, sondern ist auf ein menschliches Gegenüber hin ausgerichtet. Insofern ist das Hohelied durchaus ein theologisches Buch, auch wenn Gott selbst in ihm nicht erwähnt wird. Es spricht dabei von der Liebe in ihrer ganzen Bandbreite und besingt Hoffnungen und Wünsche, aber auch Ängste, Sehnsüchte und Liebeskummer. Mitunter spricht der Mann, mitunter die Frau. *(Hhld 1,1-17; 2,8-14; 3,1-5; 4,1-7)*

Das Hohelied Salomos.
2 Er küsse mich mit dem Kusse seines Mundes; ja, deine Liebe ist
köstlicher als Wein. 3 Köstlich riechen deine Salben; dein Name ist
eine ausgeschüttete Salbe, darum lieben dich die Mädchen. 4 Zieh
mich dir nach, so wollen wir laufen. Der König führte mich in seine
Kammern. Wir wollen uns freuen und fröhlich sein über dich; wir
preisen deine Liebe mehr als den Wein. Mit Recht lieben sie dich.
5 Ich bin schwarz und gar lieblich, ihr Töchter Jerusalems, wie die
Zelte Kedars, wie die Teppiche Salomos. 6 Seht mich nicht an, dass ich
so schwarz bin; denn die Sonne hat mich so verbrannt. Meiner Mutter
Söhne zürnten mit mir. Sie haben mich zur Hüterin der Weinberge
gesetzt; aber meinen eigenen Weinberg habe ich nicht behütet.
7 Sage mir an, du, den meine Seele liebt, wo du weidest, wo du
ruhst am Mittag, damit ich nicht umherirren muss bei den Herden
deiner Gesellen.
8 Weißt du es nicht, du Schönste unter den Frauen, so geh hinaus
auf die Spuren der Schafe und weide deine Zicklein bei den Zelten
der Hirten.
9 Ich vergleiche dich, meine Freundin, einer Stute an den Wagen
des Pharao. 10 Deine Wangen sind lieblich mit den Kettchen, dein
Hals mit den Perlenschnüren. 11 Wir wollen dir goldene Kettchen
machen mit kleinen silbernen Kugeln.
12 Solange der König beim Mahle war, gab meine Narde ihren
Duft. 13 Mein Freund ist mir ein Büschel Myrrhen, das zwischen
meinen Brüsten ruht. 14 Mein Freund ist mir eine Traube von Zy-
perblumen in den Weingärten von En-Gedi.
15 Siehe, meine Freundin, du bist schön; schön bist du, deine Au-
gen sind wie Tauben.
16 Siehe, mein Freund, du bist schön und lieblich. Unser Lager ist
grün. 17 Zedern sind die Balken unsres Hauses, Zypressen unsre
Wände.

2 8 Da ist die Stimme meines Freundes! Siehe, er kommt und hüpft
über die Berge und springt über die Hügel. 9 Mein Freund gleicht
einer Gazelle oder einem jungen Hirsch. Siehe, er steht hinter uns-
rer Wand und sieht durchs Fenster und blickt durchs Gitter. 10 Mein
Freund antwortet und spricht zu mir:

Steh auf, meine Freundin, meine Schöne, und komm her! 11 Denn
siehe, der Winter ist vergangen, der Regen ist vorbei und dahin.
12 Die Blumen sind hervorgekommen im Lande, der Lenz ist herbei-
gekommen, und die Turteltaube lässt sich hören in unserm Lande.
13 Der Feigenbaum lässt Früchte reifen, und die Weinstöcke blühen
und duften. Steh auf, meine Freundin, und komm, meine Schöne,
komm her! 14 Meine Taube in den Felsklüften, im Versteck der Fels-
wand, zeige mir deine Gestalt, lass mich hören deine Stimme; denn
deine Stimme ist süß, und deine Gestalt ist lieblich.

3 Des Nachts auf meinem Lager suchte ich, den meine Seele liebt.
Ich suchte, aber ich fand ihn nicht. 2 Ich will aufstehen und in der
Stadt umhergehen auf den Gassen und Straßen und suchen, den
meine Seele liebt. Ich suchte, aber ich fand ihn nicht. 3 Es fanden
mich die Wächter, die in der Stadt umhergehen: »Habt ihr nicht ge-
sehen, den meine Seele liebt?« 4 Als ich ein wenig an ihnen vorüber
war, da fand ich, den meine Seele liebt. Ich hielt ihn und ließ ihn
nicht los, bis ich ihn brachte in meiner Mutter Haus, in die Kam-
mer derer, die mich geboren hat. – 5 Ich beschwöre euch, ihr Töchter
Jerusalems, bei den Gazellen oder bei den Hinden auf dem Felde,
dass ihr die Liebe nicht aufweckt noch stört, bis es ihr selbst gefällt.

4 1 Siehe, meine Freundin, du bist schön! Siehe, schön bist du!
Deine Augen sind wie Tauben hinter deinem Schleier. Dein Haar
ist wie eine Herde Ziegen, die herabsteigen vom Gebirge Gilead.
2 Deine Zähne sind wie eine Herde geschorener Schafe, die aus der
Schwemme kommen; alle haben sie Zwillinge, und es fehlt keiner

unter ihnen. 3 Deine Lippen sind wie eine scharlachfarbene Schnur,
und dein Mund ist lieblich. Deine Schläfen sind hinter deinem
Schleier wie eine Scheibe vom Granatapfel. 4 Dein Hals ist wie der
Turm Davids, mit Brustwehr gebaut, an der tausend Schilde han-
gen, alle Köcher der Starken. 5 Deine beiden Brüste sind wie zwei
Kitze, Zwillinge einer Gazelle, die unter den Lotosblüten weiden.
6 Bis es Tag wird und die Schatten schwinden, will ich zum Myr-
rhenberge gehen und zum Weihrauchhügel. 7 Du bist schön, ganz
wunderschön, meine Freundin, und kein Makel ist an dir.

Gottes Botschaft durch seine Propheten

Bei Propheten denken wir heute vor allem an Menschen, die die Zukunft vorhersagen – Menschen mit »prophetischem Weitblick«. In der Bibel hingegen besteht die Aufgabe der Propheten darin, einzelnen Menschen oder dem ganzen Volk eine Botschaft von Gott zu übermitteln und ihnen damit die Augen zu öffnen. Die Botschaft kann sehr unterschiedlicher Natur sein, sie kann etwa ermahnenden oder auch tröstenden Charakter haben – je nach der gegebenen Situation. Ein solcher Mensch mit »prophetischem Tiefblick« ist z.B. Jesaja, der im 8. Jahrhundert v. Chr. in Israel lebt und der von Gott in einer atemberaubenden Vision zum Propheten berufen wird. *(Jesaja 6,1-13)*

In einer von »Finsternis« geprägten Zeit spricht Jesaja den Menschen Mut zu: Die Wende naht. Jesaja sieht sie in Zusammenhang mit der Geburt eines Kindes, genauer mit dessen künftiger Thronbesteigung. Dessen Herrschaft wird in den wunderbarsten Farben gezeichnet, denn alle Feindschaft zwischen den Kreaturen wird dann überwunden sein. Welchen Herrscher der Prophet hier ursprünglich vor Augen hatte, ist nicht sicher; das Neue Testament hat diese Verheißung jedoch auf Jesus Christus hin gedeutet. *(Jesaja 9,1-6; 11,1-10)*

Der Beginn des 40. Kapitels markiert einen Einschnitt im Buch Jesaja. Die folgenden Texte stammen aus späterer

Zeit und blicken auf die dramatischen Ereignisse des Jahres 587 v. Chr. zurück: Die Hauptstadt Jerusalem wurde von den Babyloniern erobert und die Bevölkerung nach Babylon verschleppt. Vor diesem Hintergrund fragt sich Israel: Hat Gott sein Volk für immer verlassen? Die Texte machen dem Volk wieder Mut und stehen so in der Tradition des ursprünglichen Propheten. *(Jesaja 40,1-11.27-31)*

Ein anderer großer Prophet ist Jeremia. Sein Prophetenbuch enthält neben seinen Aussprüchen auch Berichte aus seinem Leben. So wissen wir, dass er den Anmarsch des babylonischen Heeres und den Untergang Jerusalems miterlebt hat. Seine dringliche und sogar am Tor zum Tempel erhobene Warnung, sich ja nicht in falscher Sicherheit zu wiegen, verhallt ungehört. Später allerdings, nachdem das Unheil eingetroffen ist, eröffnet auch er eine neue Perspektive für das Volk und spricht von einem neuen Bund, den Gott eingehen will. *(Jeremia 7,1-11; 31,31-34)*

Neben den »großen« Propheten finden sich in der Bibel auch viele kürzere Prophetenbücher, die in der jüdischen Tradition als die »12 kleinen Propheten« bezeichnet und gemeinsam überliefert wurden. Einer von ihnen ist Amos. Laut biblischem Bericht ursprünglich ein Schafzüchter, wurde er einer der schärfsten Gerichtspropheten des Alten Testaments und brandmarkt vor allem soziale Missstände im Volk Israel, angesichts derer die Gottesdienste zur frommen Fassade geworden sind. *(Amos 1,1-2; 3,1-8; 5,1-7.18-24)*

Jesajas Berufung (Jes 6,1-13)

In dem Jahr, als der König Usija starb, sah ich den Herrn sitzen auf
einem hohen und erhabenen Thron und sein Saum füllte den Tem-
pel. 2 Serafim standen über ihm; ein jeder hatte sechs Flügel: Mit
zweien deckten sie ihr Antlitz, mit zweien deckten sie ihre Füße und
mit zweien flogen sie. 3 Und einer rief zum andern und sprach: Hei-
lig, heilig, heilig ist der Herr Zebaoth, alle Lande sind seiner Ehre
voll! 4 Und die Schwellen bebten von der Stimme ihres Rufens und
das Haus ward voll Rauch.

5 Da sprach ich: Weh mir, ich vergehe! Denn ich bin unreiner Lip-
pen und wohne unter einem Volk von unreinen Lippen; denn ich
habe den König, den HERRN Zebaoth, gesehen mit meinen Augen.
6 Da flog einer der Serafim zu mir und hatte eine glühende Kohle
in der Hand, die er mit der Zange vom Altar nahm, 7 und rührte
meinen Mund an und sprach: Siehe, hiermit sind deine Lippen be-
rührt, dass deine Schuld von dir genommen werde und deine Sünde
gesühnt sei.

8 Und ich hörte die Stimme des Herrn, wie er sprach: Wen soll
ich senden? Wer will unser Bote sein? Ich aber sprach: Hier bin ich,
sende mich! 9 Und er sprach: Geh hin und sprich zu diesem Volk:
Höret und verstehet's nicht; sehet und merket's nicht! 10 Verfette das
Herz dieses Volks und ihre Ohren verschließe und ihre Augen ver-
klebe, dass sie nicht sehen mit ihren Augen noch hören mit ihren
Ohren noch verstehen mit ihrem Herzen und sich nicht bekehren
und genesen.

11 Ich aber sprach: Herr, wie lange? Er sprach: Bis die Städte
wüst werden, ohne Einwohner, und die Häuser ohne Menschen
und das Feld ganz wüst daliegt. 12 Denn der HERR wird die Men-
schen weit wegführen, sodass das Land sehr verlassen sein wird.
13 Auch wenn nur der zehnte Teil darin bleibt, so wird es aber-

mals kahl gefressen werden, doch wie bei einer Terebinthe oder
Eiche, von denen beim Fällen noch ein Stumpf bleibt. Ein heili-
ger Same wird solcher Stumpf sein.

Der verheißene Friede (Jes 9,1-6; 11,1-10)

Das Volk, das im Finstern wandelt, sieht ein großes Licht, und über
denen, die da wohnen im finstern Lande, scheint es hell. 2 Du weckst
lauten Jubel, du machst groß die Freude. Vor dir freut man sich, wie
man sich freut in der Ernte, wie man fröhlich ist, wenn man Beute
austeilt. 3 Denn du hast ihr drückendes Joch, die Jochstange auf ihrer
Schulter und den Stecken ihres Treibers zerbrochen wie am Tage
Midians. 4 Denn jeder Stiefel, der mit Gedröhn dahergeht, und jeder
Mantel, durch Blut geschleift, wird verbrannt und vom Feuer verzehrt.
5 Denn uns ist ein Kind geboren, ein Sohn ist uns gegeben, und
die Herrschaft ist auf seiner Schulter; und er heißt Wunder-Rat,
Gott-Held, Ewig-Vater, Friede-Fürst; 6 auf dass seine Herrschaft
groß werde und des Friedens kein Ende auf dem Thron Davids und
in seinem Königreich, dass er's stärke und stütze durch Recht und
Gerechtigkeit von nun an bis in Ewigkeit. Solches wird tun der Eifer
des Herrn Zebaoth.

11 Und es wird ein Reis hervorgehen aus dem Stamm Isais und ein
Zweig aus seiner Wurzel Frucht bringen. 2 Auf ihm wird ruhen der
Geist des Herrn, der Geist der Weisheit und des Verstandes, der
Geist des Rates und der Stärke, der Geist der Erkenntnis und der
Furcht des Herrn. 3 Und Wohlgefallen wird er haben an der Furcht
des HERRN. Er wird nicht richten nach dem, was seine Augen se-
hen, noch Urteil sprechen nach dem, was seine Ohren hören, 4 son-
dern wird mit Gerechtigkeit richten die Armen und rechtes Urteil
sprechen den Elenden im Lande, und er wird mit dem Stabe seines
Mundes den Gewalttätigen schlagen und mit dem Odem seiner

Lippen den Gottlosen töten. 5 Gerechtigkeit wird der Gurt seiner
Lenden sein und die Treue der Gurt seiner Hüften.

6 Da wird der Wolf beim Lamm wohnen und der Panther beim
Böcklein lagern. Kalb und Löwe werden miteinander grasen, und
ein kleiner Knabe wird sie leiten. 7 Kuh und Bärin werden zusam-
men weiden, ihre Jungen beieinanderliegen, und der Löwe wird
Stroh fressen wie das Rind. 8 Und ein Säugling wird spielen am Loch
der Otter, und ein kleines Kind wird seine Hand ausstrecken zur
Höhle der Natter. 9 Man wird weder Bosheit noch Schaden tun auf
meinem ganzen heiligen Berge; denn das Land ist voll Erkenntnis
des HERRN, wie Wasser das Meer bedeckt.

10 Und es wird geschehen zu der Zeit, dass die Wurzel Isais dasteht
als Zeichen für die Völker. Nach ihm werden die Völker fragen, und
die Stätte, da er wohnt, wird herrlich sein.

Trostworte im Exil (Jes 40,1-11.27-31)

Tröstet, tröstet mein Volk!, spricht euer Gott. 2 Redet mit Jerusalem
freundlich und predigt ihr, dass ihre Knechtschaft ein Ende hat, dass
ihre Schuld vergeben ist; denn sie hat die volle Strafe empfangen von
der Hand des HERRN für alle ihre Sünden.

3 Es ruft eine Stimme: In der Wüste bereitet dem HERRN den
Weg, macht in der Steppe eine ebene Bahn unserm Gott! 4 Alle Tä-
ler sollen erhöht werden, und alle Berge und Hügel sollen erniedrigt
werden, und was uneben ist, soll gerade, und was hügelig ist, soll
eben werden; 5 denn die Herrlichkeit des HERRN soll offenbart wer-
den, und alles Fleisch miteinander wird es sehen; denn des HERRN
Mund hat's geredet.

6 Es spricht eine Stimme: Predige!, und ich sprach: Was soll ich
predigen? Alles Fleisch ist Gras, und alle seine Güte ist wie eine
Blume auf dem Felde. 7 Das Gras verdorrt, die Blume verwelkt; denn

des HERRN Odem bläst darein. Ja, Gras ist das Volk! 8 Das Gras
verdorrt, die Blume verwelkt, aber das Wort unseres Gottes bleibt
ewiglich.

9 Zion, du Freudenbotin, steig auf einen hohen Berg; Jerusalem,
du Freudenbotin, erhebe deine Stimme mit Macht; erhebe sie und
fürchte dich nicht! Sage den Städten Judas: Siehe, da ist euer Gott;
10 siehe, da ist Gott der HERR! Er kommt gewaltig, und sein Arm
wird herrschen. Siehe, was er gewann, ist bei ihm, und was er sich er-
warb, geht vor ihm her. 11 Er wird seine Herde weiden wie ein Hirte.
Er wird die Lämmer in seinen Arm sammeln und im Bausch seines
Gewandes tragen und die Mutterschafe führen.

27 Warum sprichst du denn, Jakob, und du, Israel, sagst: »Mein
Weg ist dem HERRN verborgen, und mein Recht geht an meinem
Gott vorüber«? 28 Weißt du nicht? Hast du nicht gehört? Der HERR,
der ewige Gott, der die Enden der Erde geschaffen hat, wird nicht
müde noch matt, sein Verstand ist unausforschlich. 29 Er gibt dem
Müden Kraft und Stärke genug dem Unvermögenden. 30 Jünglinge
werden müde und matt, und Männer straucheln und fallen; 31 aber
die auf den Herrn harren, kriegen neue Kraft, dass sie auffahren mit
Flügeln wie Adler, dass sie laufen und nicht matt werden, dass sie
wandeln und nicht müde werden.

Jeremia: Zwischen Gericht und Verheißung (Jer 7,1-11; 31,31-34)

Dies ist das Wort, das vom HERRN geschah zu Jeremia: 2 Tritt ins
Tor am Hause des HERRN und predige dort dies Wort und sprich:
Höret des HERRN Wort, ihr alle von Juda, die ihr zu diesen Toren
eingeht, den HERRN anzubeten!

3 So spricht der HERR Zebaoth, der Gott Israels: Bessert euer Le-
ben und euer Tun, so will ich euch wohnen lassen an diesem Ort.

4 Verlasst euch nicht auf Lügenworte, wenn sie sagen: Hier ist des
Herrn Tempel, hier ist des Herrn Tempel, hier ist des Herrn
Tempel! 5 Sondern bessert euer Leben und euer Tun, dass ihr recht
handelt einer gegen den andern 6 und gegen Fremdlinge, Waisen
und Witwen keine Gewalt übt und nicht unschuldiges Blut vergießt
an diesem Ort und nicht andern Göttern nachlauft zu eurem eige-
nen Schaden, 7 so will ich euch immer und ewiglich wohnen lassen
an diesem Ort, in dem Lande, das ich euren Vätern gegeben habe.
8 Aber nun verlasst ihr euch auf Lügenworte, die zu nichts nütze
sind. 9 Ihr seid Diebe, Mörder, Ehebrecher und Meineidige und op-
fert dem Baal und lauft fremden Göttern nach, die ihr nicht kennt.
10 Und dann kommt ihr und tretet vor mich in diesem Hause, das
nach meinem Namen genannt ist, und sprecht: Wir sind geborgen,
– und tut weiter solche Gräuel. 11 Haltet ihr denn dies Haus, das
nach meinem Namen genannt ist, für eine Räuberhöhle? Siehe, ich
sehe es wohl, spricht der Herr.

31 31 Siehe, es kommt die Zeit, spricht der Herr, da will ich mit dem
Hause Israel und mit dem Hause Juda einen neuen Bund schließen,
32 nicht wie der Bund gewesen ist, den ich mit ihren Vätern schloss,
als ich sie bei der Hand nahm, um sie aus Ägyptenland zu führen,
mein Bund, den sie gebrochen haben, ob ich gleich ihr Herr war,
spricht der Herr; 33 sondern das soll der Bund sein, den ich mit dem
Hause Israel schließen will nach dieser Zeit, spricht der Herr: Ich
will mein Gesetz in ihr Herz geben und in ihren Sinn schreiben, und
ich will ihr Gott sein und sie sollen mein Volk sein. 34 Und es wird
keiner den andern noch ein Bruder den andern lehren und sagen:
»Erkenne den Herrn«, denn sie sollen mich alle erkennen, beide,
Klein und Groß, spricht der Herr; denn ich will ihnen ihre Missetat
vergeben und ihrer Sünde nimmermehr gedenken.

Amos: Der Tag des Herrn (Am 1,1-2; 3,1-8; 5,1-7.18-24)

Dies ist's, was Amos, der unter den Schafzüchtern von Tekoa war,
gesehen hat über Israel zur Zeit Usijas, des Königs von Juda, und
Jerobeams, des Sohnes des Joasch, des Königs von Israel, zwei Jahre
vor dem Erdbeben.

2 Und er sprach: Der HERR wird aus Zion brüllen und seine
Stimme aus Jerusalem hören lassen, dass die Auen der Hirten ver-
trocknen werden und der Karmel oben verdorren wird.

3 Hört dieses Wort, das der HERR wider euch redet, ihr Israeliten,
wider das ganze Geschlecht, das ich aus Ägyptenland geführt habe:
2 Aus allen Geschlechtern auf Erden habe ich allein euch erkannt,
darum will ich auch an euch heimsuchen all eure Sünde.

3 Können etwa zwei miteinander wandern, sie hätten sich denn ge-
troffen? 4 Brüllt etwa ein Löwe im Walde, wenn er keinen Raub hat?
Schreit etwa ein junger Löwe aus seiner Höhle, er habe denn etwas
gefangen? 5 Fällt etwa ein Vogel zur Erde, wenn kein Fangnetz da ist?
Oder springt eine Falle auf von der Erde, sie habe denn etwas ge-
fangen? 6 Bläst man etwa das Horn in einer Stadt, und das Volk ent-
setzt sich nicht? Geschieht etwa ein Unglück in der Stadt, und der
HERR hat es nicht getan? – 7 Gott der HERR tut nichts, er offenbarte
denn seinen Ratschluss seinen Knechten, den Propheten. – 8 Der
Löwe brüllt, wer sollte sich nicht fürchten? Gott der HERR redet,
wer sollte nicht Prophet werden?

5 Hört dies Wort, ein Klagelied, das ich über euch anstimme,
Haus Israel:

2 Die Jungfrau Israel ist gefallen, dass sie nicht wieder aufstehen
wird; sie ist zu Boden gestoßen und niemand ist da, der ihr aufhelfe.
3 Ja, so spricht Gott der HERR: Die Stadt, aus der tausend zum Kampf
ausziehen, soll nur hundert übrig behalten, und aus der hundert aus-
ziehen, die soll nur zehn übrig behalten – dies für das Haus Israel.

4 Ja, so spricht der HERR zum Hause Israel: Suchet mich, so werdet
ihr leben. 5 Suchet nicht Bethel und kommt nicht nach Gilgal und
geht nicht nach Beerscheba; denn Gilgal wird gefangen weggeführt
werden, und Bethel wird zunichtewerden. 6 Suchet den HERRN, so
werdet ihr leben, dass er nicht daherfahre über das Haus Josef wie ein
verzehrendes Feuer, das niemand löschen kann – dies für Bethel –,
7 die ihr das Recht in Wermut verwandelt und die Gerechtigkeit zu
Boden gestoßen habt.

18 Weh! Die ihr den Tag des HERRN herbeiwünscht, was soll er
euch? Denn des HERRN Tag ist Finsternis und nicht Licht, 19 gleich
als wenn jemand vor dem Löwen flieht und der Bär begegnet ihm,
und er kommt ins Haus und lehnt sich mit der Hand an die Wand,
da beißt ihn die Schlange! 20 Ist nicht des HERRN Tag finster und
nicht licht, dunkel und nicht hell?

21 Ich hasse und verachte eure Feste und mag eure Versammlungen
nicht riechen – 22 es sei denn, ihr bringt mir rechte Brandopfer dar –,
und an euren Speisopfern habe ich kein Gefallen, und euer fettes
Schlachtopfer sehe ich nicht an. 23 Tu weg von mir das Geplärr dei-
ner Lieder; denn ich mag dein Harfenspiel nicht hören!

24 Es ströme aber das Recht wie Wasser und die Gerechtigkeit wie
ein nie versiegender Bach.

Daniel und seine Freunde

Dieses Buch handelt von dem Judäer Daniel und seinen drei Freunden. Daniel gelangt zur Zeit des babylonischen Exils an den Hof des babylonischen Königs Nebukadnezar, wo er nach einer umfassenden Ausbildung schließlich eine Spitzenposition in der Reichsverwaltung erlangt. Diese übt er nach der Schilderung des Buches unter der wechselnden Oberherrschaft der Babylonier, Meder und Perser aus. Einerseits geschätzter Ratgeber der Könige hat Daniel andererseits gemeinsam mit seinen Freunden mit Anfeindungen zu kämpfen, da er treu zu seinem Glauben an den Gott Israels steht. Zu einem ersten Konflikt kommt es, als sich die drei Freunde Daniels weigern, ein von Nebukadnezar errichtetes Standbild anzubeten *(Daniel 3,1-30)*

Als König Belsazar, ein Nachfolger Nebukadnezars, ein großes Gastmahl hält und dabei die aus dem Tempel in Jerusalem entwendeten heiligen Gefäße entweiht, findet sich mit einmal eine geheimnisvolle Schrift an einer Wand. Nur Daniel ist aufgrund seiner von Gott gegebenen Weisheit dazu in der Lage, sie zu deuten: Sie erweist sich als geheimnisvolles Unheilszeichen für Belsazar – als ein »Menetekel«. *(Daniel 5,1-30)*

Wieder wechselt die Regentschaft: Nun ist der Meder Darius König. Wegen einer von Neid geleiteten Intrige spitzt sich der Konflikt zwischen Daniel mit seiner Treue zu seinem Gott und dem Herrschaftsapparat des Darius dramatisch zu.

Daniels Leben scheint besiegelt zu sein, denn er wird den Löwen zum Fraß vorgeworfen. *(Daniel 6,1-29)*

Daniels Freunde im Feuerofen (Dan 3,1-30)

Der König Nebukadnezar ließ ein goldenes Bild machen sechzig El-
len hoch und sechs Ellen breit und ließ es aufrichten in der Ebene
Dura im Lande Babel. 2 Und der König Nebukadnezar sandte nach
den Fürsten, Würdenträgern, Statthaltern, Richtern, Schatzmeis-
tern, Räten, Amtleuten und allen Mächtigen im Lande, dass sie zur
Weihe des Bildes zusammenkommen sollten, das der König Nebu-
kadnezar hatte aufrichten lassen.

3 Da kamen zusammen die Fürsten, Würdenträger, Statthalter,
Richter, Schatzmeister, Räte, Amtleute und alle Mächtigen im Lande
zur Weihe des Bildes, das der König Nebukadnezar hatte aufrichten
lassen. Und sie stellten sich vor dem Bild auf, das Nebukadnezar
hatte aufrichten lassen. 4 Und der Herold rief laut: Es wird euch be-
fohlen, euch Völkern, Nationen und Sprachen: 5 Wenn ihr hören
werdet den Klang des Horns, der Flöte, der Zither, der Harfe, der
Leier, der Doppelflöte und aller andern Instrumente, dann sollt ihr
niederfallen und das goldene Bild anbeten, das der König Nebukad-
nezar hat aufrichten lassen. 6 Wer aber dann nicht niederfällt und
anbetet, der soll zu derselben Stunde in den glühenden Feuerofen
geworfen werden. 7 Als sie nun den Klang des Horns, der Flöte, der
Zither, der Harfe, der Leier und aller andern Instrumente hörten,
fielen alle Völker, Nationen und Sprachen nieder und beteten an das
goldene Bild, das der König Nebukadnezar hatte aufrichten lassen.

8 Da kamen einige chaldäische Männer und verklagten die Juden,
9 fingen an und sprachen zum König Nebukadnezar: Der König lebe
ewig! 10 Du, König, hast ein Gebot ergehen lassen, dass alle Men-

schen niederfallen und das goldene Bild anbeten sollten, wenn sie
den Klang des Horns, der Flöte, der Zither, der Harfe, der Leier
und einer Doppelflöte und aller andern Instrumente hören würden;
[11] wer aber nicht niederfiele und anbetete, sollte in den glühenden
Feuerofen geworfen werden. [12] Nun sind da judäische Männer, die
du über die einzelnen Ämter im Lande Babel gesetzt hast, nämlich
Schadrach, Meschach und Abed-Nego; diese Männer verachten
dich, o König! Sie ehren deinen Gott nicht und beten das goldene
Bild nicht an, das du hast aufrichten lassen.

[13] Da befahl Nebukadnezar mit Grimm und Zorn, Schadrach,
Meschach und Abed-Nego vor ihn zu bringen. Und die Männer
wurden vor den König gebracht. [14] Da fing Nebukadnezar an und
sprach zu ihnen: Wie? Wollt ihr, Schadrach, Meschach und Abed-
Nego, meinen Gott nicht ehren und das goldene Bild nicht anbeten,
das ich habe aufrichten lassen? [15] Wohlan, seid bereit! Sobald ihr
den Klang des Horns, der Flöte, der Zither, der Harfe, der Leier
und einer Doppelflöte und aller andern Instrumente hören werdet,
so fallt nieder und betet das Bild an, das ich habe machen lassen!
Werdet ihr's aber nicht anbeten, dann sollt ihr zu derselben Stunde
in den glühenden Feuerofen geworfen werden. Lasst sehen, wer der
Gott ist, der euch aus meiner Hand erretten könnte!

[16] Da fingen an Schadrach, Meschach und Abed-Nego und spra-
chen zum König Nebukadnezar: Es ist nicht nötig, dass wir dir
darauf antworten. [17] Siehe, unser Gott, den wir verehren, kann uns
erretten aus dem glühenden Feuerofen, und auch aus deiner Hand,
o König, kann er erretten. [18] Und wenn er's nicht tut, so sollst du
dennoch wissen, dass wir deinen Gott nicht ehren und das goldene
Bild, das du hast aufrichten lassen, nicht anbeten werden.

[19] Da wurde Nebukadnezar voll Grimm und der Ausdruck seines
Angesichts veränderte sich gegenüber Schadrach, Meschach und

Abed-Nego, und er befahl, man sollte den Ofen siebenmal heißer
machen, als man sonst zu tun pflegte. [20] Und er befahl den besten
Kriegsleuten, die in seinem Heer waren, Schadrach, Meschach und
Abed-Nego zu binden und in den glühenden Feuerofen zu werfen.
[21] Da wurden diese Männer in ihren Mänteln, Hosen, Hüten und
andern Kleidern gebunden und in den glühenden Feuerofen gewor-
fen. [22] Weil das Gebot des Königs so streng und der Ofen überaus
heiß war, tötete die Feuerflamme die Männer, die Schadrach, Me-
schach und Abed-Nego hinaufbrachten. [23] Aber die drei Männer,
Schadrach, Meschach und Abed-Nego, fielen hinab in den glühen-
den Feuerofen, gebunden wie sie waren.

[24] Da entsetzte sich der König Nebukadnezar, fuhr auf und sprach
zu seinen Räten: Haben wir nicht drei Männer gebunden in das
Feuer werfen lassen? Sie antworteten und sprachen zum König: Ja,
König. [25] Er antwortete und sprach: Ich sehe aber vier Männer frei
im Feuer umhergehen, und sie sind unversehrt; und der vierte sieht
aus, als wäre er ein Sohn der Götter.

[26] Und Nebukadnezar trat vor die Tür des glühenden Feuerofens
und sprach: Schadrach, Meschach und Abed-Nego, ihr Knechte des
höchsten Gottes, tretet heraus und kommt her! Da traten Schadrach,
Meschach und Abed-Nego heraus aus dem Feuer. [27] Und die Fürsten,
Würdenträger, Statthalter und Räte des Königs kamen zusammen
und sahen, dass das Feuer den Leibern dieser Männer nichts hatte
anhaben können und ihr Haupthaar nicht versengt und ihre Mäntel
nicht versehrt waren; ja, man konnte keinen Brand an ihnen riechen.

[28] Da fing Nebukadnezar an und sprach: Gelobt sei der Gott
Schadrachs, Meschachs und Abed-Negos, der seinen Engel gesandt
und seine Knechte errettet hat, die ihm vertraut und des Königs Ge-
bot nicht gehalten haben, sondern ihren Leib preisgaben; denn sie
wollten keinen andern Gott verehren und anbeten als allein ihren

Gott! [29] So sei nun dies mein Gebot: Wer unter allen Völkern, Nationen und Sprachen den Gott Schadrachs, Meschachs und Abed-Negos lästert, der soll in Stücke gehauen und sein Haus zu einem Schutthaufen gemacht werden. Denn es gibt keinen andern Gott als den, der so erretten kann. [30] Und der König gab Schadrach, Meschach und Abed-Nego größere Macht im Lande Babel.

Belsazars Gastmahl (Dan 5,1-30)

König Belsazar machte ein herrliches Mahl für seine tausend Mächtigen und soff sich voll mit ihnen. [2] Und als er betrunken war, ließ er die goldenen und silbernen Gefäße herbringen, die sein Vater Nebukadnezar aus dem Tempel zu Jerusalem weggenommen hatte, damit der König mit seinen Mächtigen, mit seinen Frauen und mit seinen Nebenfrauen daraus tränke. [3] Da wurden die goldenen und silbernen Gefäße herbeigebracht, die aus dem Tempel, aus dem Hause Gottes zu Jerusalem, weggenommen worden waren; und der König, seine Mächtigen, seine Frauen und Nebenfrauen tranken daraus. [4] Und als sie so tranken, lobten sie die goldenen, silbernen, bronzenen, eisernen, hölzernen und steinernen Götter.

[5] Im gleichen Augenblick gingen hervor Finger wie von einer Menschenhand, die schrieben gegenüber dem Leuchter auf die getünchte Wand im Königspalast. Und der König erblickte die Hand, die da schrieb. [6] Da entfärbte sich der König, und seine Gedanken erschreckten ihn, sodass seine Glieder schwach wurden und ihm die Knie schlotterten. [7] Und der König rief laut, dass man die Zauberer, Wahrsager und Sternkundigen herbeiholen sollte. Und er ließ den Weisen von Babel sagen: Welcher Mensch diese Schrift lesen kann und mir sagt, was sie bedeutet, der soll mit Purpur gekleidet werden und eine goldene Kette um den Hals tragen und als der Dritte in meinem Königreich herrschen. [8] Da wurden alle Weisen des Königs

hereingeführt, aber sie konnten weder die Schrift lesen noch die Deutung dem König kundtun. [9] Darüber erschrak der König Belsazar noch mehr und verlor seine Farbe ganz, und seinen Mächtigen wurde angst und bange.

[10] Auf die Worte des Königs und seiner Mächtigen hin kam die Königinmutter in den Saal und sprach: Der König lebe ewig! Lass dich von deinen Gedanken nicht so erschrecken und entfärbe dich nicht! [11] Es ist ein Mann in deinem Königreich, der den Geist der heiligen Götter hat. Denn zu deines Vaters Zeiten fand sich bei ihm Erleuchtung, Klugheit und Weisheit wie der Götter Weisheit. Und dein Vater, der König Nebukadnezar, setzte ihn über die Zeichendeuter, Zauberer, Wahrsager und Sternkundigen, dein eigener Vater, o König, [12] weil ein überragender Geist bei ihm gefunden wurde, dazu Verstand und Klugheit, Träume zu deuten, dunkle Rätsel zu erraten und Verschlungenes aufzulösen. Das ist Daniel, dem der König den Namen Beltschazar gab. So rufe man nun Daniel; der wird sagen, was es bedeutet.

[13] Da wurde Daniel vor den König geführt. Und der König sprach zu Daniel: Bist du Daniel, einer der Gefangenen aus Juda, die der König, mein Vater, aus Juda hergebracht hat? [14] Ich habe von dir sagen hören, dass du den Geist der Götter habest und Erleuchtung, Verstand und überragende Weisheit bei dir zu finden sei. [15] Nun hab ich vor mich rufen lassen die Weisen und Zauberer, damit sie mir diese Schrift lesen und kundtun sollen, was sie bedeutet; aber sie können mir nicht sagen, was das alles bedeutet. [16] Von dir aber höre ich, dass du Deutungen zu geben und Verschlungenes aufzulösen vermagst. Kannst du nun die Schrift lesen und mir sagen, was sie bedeutet, so sollst du mit Purpur gekleidet werden und eine goldene Kette um deinen Hals tragen und als der Dritte in meinem Königreich herrschen.

[17] Da fing Daniel an und sprach vor dem König: Behalte deine
Gaben und gib dein Geschenk einem andern; ich will dennoch
die Schrift dem König lesen und kundtun, was sie bedeutet. [18] O
König, der höchste Gott hat deinem Vater Nebukadnezar König-
reich, Macht, Ehre und Herrlichkeit gegeben. [19] Und um solcher
Macht willen, die ihm gegeben war, fürchteten und scheuten sich
vor ihm alle Völker, Nationen und Sprachen. Er tötete, wen er
wollte; er ließ leben, wen er wollte; er erhöhte, wen er wollte; er
demütigte, wen er wollte. [20] Als sich aber sein Herz überhob und er
stolz und hochmütig wurde, da wurde er vom königlichen Thron
gestoßen und verlor seine Ehre [21] und wurde verstoßen aus der Ge-
meinschaft der Menschen, und sein Herz wurde gleich dem der
Tiere, und er musste bei den Wildeseln hausen und fraß Kraut wie
die Rinder, und sein Leib wurde nass vom Tau des Himmels, bis
er lernte, dass der höchste Gott Gewalt hat über die Königreiche
der Menschen und sie gibt, wem er will. [22] Aber du, Belsazar, sein
Sohn, hast dein Herz nicht gedemütigt, obwohl du das alles wuss-
test, [23] sondern hast dich gegen den Herrn des Himmels erhoben,
und die Gefäße seines Hauses hat man vor dich bringen müssen,
und du, deine Mächtigen, deine Frauen und deine Nebenfrauen,
ihr habt daraus getrunken; dazu hast du die silbernen, goldenen,
bronzenen, eisernen, hölzernen, steinernen Götter gelobt, die we-
der sehen noch hören noch etwas wissen können. Den Gott aber,
der deinen Odem und alle deine Wege in seiner Hand hat, hast du
nicht verehrt. [24] Darum wurde von ihm diese Hand gesandt und
diese Schrift geschrieben.

[25] So aber lautet die Schrift, die dort geschrieben steht: *Mene mene
tekel u-parsin.* [26] Und sie bedeutet dies: *Mene,* das ist, Gott hat dein
Königtum *gezählt* und beendet. [27] *Tekel,* das ist, man hat dich auf der
Waage *gewogen* und zu leicht befunden. [28] *Peres,* das ist, dein Reich

ist *zerteilt* und den Medern und *Persern* gegeben. [29] Da befahl Belsa-
zar, dass man Daniel mit Purpur kleiden sollte und ihm eine goldene
Kette um den Hals geben; und er ließ von ihm verkünden, dass er
der dritte Herrscher im Königreich sei.

[30] Aber in derselben Nacht wurde Belsazar, der König der Chal-
däer, getötet.

Daniel in der Löwengrube (Dan 6,1-29)

Und Darius aus Medien empfing das Reich, als er zweiundsechzig
Jahre alt war. [2] Und es gefiel Darius, über das ganze Königreich hun-
dertzwanzig Statthalter zu setzen. [3] Über sie setzte er drei Fürsten,
von denen einer Daniel war. Ihnen sollten die Statthalter Rechen-
schaft ablegen, damit der König nicht zu Schaden komme. [4] Daniel
aber übertraf alle Fürsten und Statthalter, denn es war ein überra-
gender Geist in ihm. Darum dachte der König daran, ihn über das
ganze Königreich zu setzen. [5] Da trachteten die Fürsten und Statt-
halter danach, an Daniel etwas zu finden, das gegen das Königreich
gerichtet wäre. Aber sie konnten keinen Grund zur Anklage und
kein Vergehen finden; denn er war treu, sodass man keine Schuld
und kein Vergehen bei ihm finden konnte. [6] Da sprachen die Män-
ner: Wir werden keinen Grund zur Anklage gegen Daniel finden, es
sei denn wegen seiner Treue zum Gesetz seines Gottes.

[7] Da kamen die Fürsten und Statthalter eilends vor den König ge-
laufen und sprachen zu ihm: Der König Darius lebe ewig! [8] Es haben
die Fürsten des Königreichs, die Würdenträger, die Statthalter, die
Räte und Befehlshaber alle gedacht, es sollte ein königlicher Befehl
gegeben und ein strenges Gebot erlassen werden, dass jeder, der in
dreißig Tagen etwas bitten wird von irgendeinem Gott oder Men-
schen außer von dir, dem König, allein, zu den Löwen in die Grube
geworfen werden soll. [9] Darum, o König, wollest du ein solches Ge-

bot ausgehen lassen und ein Schreiben aufsetzen, das nicht wieder
geändert werden darf nach dem Gesetz der Meder und Perser, das
niemand aufheben kann. 10 So ließ der König Darius das Schreiben
und das Gebot aufsetzen.

11 Als nun Daniel erfuhr, dass ein solches Gebot ergangen war, ging
er hinein in sein Haus. Er hatte aber an seinem Obergemach offene
Fenster nach Jerusalem, und er fiel dreimal am Tag auf seine Knie,
betete, lobte und dankte seinem Gott, wie er es auch vorher zu tun
pflegte. 12 Da kamen jene Männer eilends gelaufen und fanden Da-
niel, wie er betete und flehte vor seinem Gott.

13 Da traten sie vor den König und redeten mit ihm über das kö-
nigliche Gebot: O König, hast du nicht ein Gebot erlassen, dass je-
der, der in dreißig Tagen etwas bitten würde von irgendeinem Gott
oder Menschen außer von dir, dem König, allein, zu den Löwen
in die Grube geworfen werden solle? Der König antwortete und
sprach: Das ist wahr nach dem Gesetz der Meder und Perser, das
niemand aufheben kann. 14 Sie antworteten und sprachen vor dem
König: Daniel, einer der Gefangenen aus Juda, der achtet weder
dich noch dein Gebot, das du erlassen hast; denn er betet dreimal
am Tage. 15 Als der König das hörte, wurde er sehr betrübt und war
darauf bedacht, Daniel zu retten, und mühte sich, bis die Sonne
unterging, ihn zu befreien.

16 Aber die Männer kamen wieder zum König gelaufen und
sprachen zu ihm: Du weißt doch, König, es ist das Gesetz der
Meder und Perser, dass alle Gebote und Befehle, die der König
beschließt, unverändert bleiben sollen. 17 Da befahl der König,
Daniel herzubringen. Und sie warfen ihn zu den Löwen in die
Grube. Der König aber sprach zu Daniel: Dein Gott, dem du
ohne Unterlass dienst, der helfe dir! 18 Und sie brachten einen
Stein, den legten sie auf die Öffnung der Grube; den versiegelte

der König mit seinem eigenen Ring und mit dem Ringe seiner
Mächtigen, damit nichts anderes mit Daniel geschähe. [19] Und der
König ging weg in seinen Palast und fastete die Nacht über und
ließ kein Essen vor sich bringen und konnte auch nicht schlafen.

[20] Früh am Morgen, als der Tag anbrach, stand der König auf und
ging eilends zur Löwengrube. [21] Und als er zur Grube kam, rief er
Daniel mit angstvoller Stimme. Und der König sprach zu Daniel:
Daniel, du Knecht des lebendigen Gottes, hat dich dein Gott, dem
du ohne Unterlass dienst, auch erretten können von den Löwen?
[22] Daniel aber redete mit dem König: Der König lebe ewig! [23] Mein
Gott hat seinen Engel gesandt, der den Löwen den Rachen zugehal-
ten hat, sodass sie mir kein Leid antun konnten; denn vor ihm bin
ich unschuldig, und auch gegen dich, mein König, habe ich nichts
Böses getan.

[24] Da wurde der König sehr froh und ließ Daniel aus der Grube
herausziehen. Und sie zogen Daniel aus der Grube heraus, und man
fand keine Verletzung an ihm; denn er hatte seinem Gott vertraut.
[25] Da ließ der König die Männer, die Daniel verklagt hatten, holen
und zu den Löwen in die Grube werfen samt ihren Kindern und
Frauen. Und ehe sie den Boden erreichten, ergriffen die Löwen sie
und zermalmten alle ihre Knochen.

[26] Da ließ der König Darius allen Völkern und Leuten aus so vielen
verschiedenen Sprachen auf der ganzen Erde schreiben: Viel Friede
zuvor! [27] Das ist mein Befehl, dass man überall in meinem ganzen
Königreich den Gott Daniels fürchten und scheuen soll. Denn er
ist ein lebendiger Gott, der ewig bleibt, und sein Reich ist unver-
gänglich, und seine Herrschaft hat kein Ende. [28] Er ist ein Retter
und Nothelfer, und er tut Zeichen und Wunder im Himmel und auf
Erden. Der hat Daniel von den Löwen errettet.

[29] Und Daniel hatte große Macht im Königreich des Darius und
auch im Königreich des Kyrus von Persien.

Jona und die Barmherzigkeit Gottes

Das Buch über den Propheten Jona erzählt eine lehrreiche Geschichte von Gottes Barmherzigkeit. Jona wird von Gott beauftragt, in der assyrischen Stadt Ninive das Gericht über den König und das Volk anzukündigen. Nur widerwillig leistet Jona dem Auftrag Folge. Doch dann passiert das Unerwartete: Die Bewohner Ninives bekehren sich. Gott bereut seine Unheilsdrohung und verschont die Niniviten. Diese unverdiente Gnade empört den Propheten. Doch warum eigentlich?

Diese Frage wird nicht explizit beantwortet, doch am ehesten ist es wohl die Grenzenlosigkeit der Gnade Gottes, die den Propheten aus Israel so verstört. Sie macht selbst vor der Hauptstadt des feindlichen Assyrerreiches nicht halt! So muss Jona lernen, dass Gott, der Schöpfer Himmels und der Erden, nicht nur sein eigenes Volk im Blick hat. Seine Zuwendung gilt allen Menschen. (Und übrigens, wie ausdrücklich hinzugefügt wird, auch den Tieren.) Als einziges biblisches Buch endet die Erzählung von Jona mit einer Frage im Munde Gottes. *(Jona 1,1–4,11)*

Es geschah das Wort des HERRN zu Jona, dem Sohn Amittais: 2 Ma-
che dich auf und geh in die große Stadt Ninive und predige wider
sie; denn ihre Bosheit ist vor mich gekommen.
3 Aber Jona machte sich auf und wollte vor dem HERRN nach Tar-

sis fliehen und kam hinab nach Jafo. Und als er ein Schiff fand, das
nach Tarsis fahren wollte, gab er Fährgeld und trat hinein, um mit
ihnen nach Tarsis zu fahren, weit weg vom HERRN.
4 Da ließ der HERR einen großen Wind aufs Meer kommen, und
es erhob sich ein großes Ungewitter auf dem Meer, dass man meinte,
das Schiff würde zerbrechen. 5 Und die Schiffsleute fürchteten sich
und schrien, ein jeder zu seinem Gott, und warfen die Ladung, die
im Schiff war, ins Meer, dass es leichter würde.
Aber Jona war hinunter in das Schiff gestiegen, lag und schlief.
6 Da trat zu ihm der Schiffsherr und sprach zu ihm: Was schläfst
du? Steh auf, rufe deinen Gott an! Vielleicht wird dieser Gott an uns
gedenken, dass wir nicht verderben. 7 Und einer sprach zum andern:
Kommt, wir wollen losen, dass wir erfahren, um wessentwillen es
uns so übel geht. Und als sie losten, traf's Jona. 8 Da sprachen sie zu
ihm: Sage uns, um wessentwillen es uns so übel geht? Was ist dein
Gewerbe, und wo kommst du her? Aus welchem Lande bist du, und
von welchem Volk bist du? 9 Er sprach zu ihnen: Ich bin ein Hebräer
und fürchte den HERRN, den Gott des Himmels, der das Meer und
das Trockene gemacht hat.
10 Da fürchteten sich die Leute sehr und sprachen zu ihm: Was
hast du da getan? Denn sie wussten, dass er vor dem HERRN floh;
denn er hatte es ihnen gesagt. 11 Da sprachen sie zu ihm: Was sollen
wir denn mit dir tun, dass das Meer stille werde und von uns ab-
lasse? Denn das Meer ging immer ungestümer. 12 Er sprach zu ihnen:
Nehmt mich und werft mich ins Meer, so wird das Meer still werden
und von euch ablassen. Denn ich weiß, dass um meinetwillen dies
große Ungewitter über euch gekommen ist.
13 Doch die Leute ruderten, dass sie wieder ans Land kämen; aber
sie konnten nicht, denn das Meer ging immer ungestümer gegen
sie an. 14 Da riefen sie zu dem HERRN und sprachen: Ach, HERR,
lass uns nicht verderben um des Lebens dieses Mannes willen und

rechne uns nicht unschuldiges Blut zu; denn du, HERR, tust, wie
dir's gefällt.
15 Und sie nahmen Jona und warfen ihn ins Meer. Da wurde das
Meer still und ließ ab von seinem Wüten. 16 Und die Leute fürch-
teten den HERRN sehr und brachten dem HERRN Opfer dar und
taten Gelübde.

Jona im Leib des Fisches

2 Aber der HERR ließ einen großen Fisch kommen,
Jona zu verschlingen. Und Jona war im Leibe des
Fisches drei Tage und drei Nächte.
2 Und Jona betete zu dem HERRN, seinem Gott, im
Leibe des Fisches 3 und sprach:

Ich rief zu dem HERRN in meiner Angst,
und er antwortete mir.
Ich schrie aus dem Rachen des Todes,
und du hörtest meine Stimme.
4 Du warfst mich in die Tiefe, mitten ins Meer,
dass die Fluten mich umgaben.
Alle deine Wogen und Wellen
gingen über mich,
5 dass ich dachte, ich wäre von deinen Augen verstoßen,
ich würde deinen heiligen Tempel nicht mehr sehen.
6 Wasser umgaben mich bis an die Kehle,
die Tiefe umringte mich, Schilf bedeckte mein Haupt.
7 Ich sank hinunter zu der Berge Gründen,
der Erde Riegel schlossen sich hinter mir ewiglich.
Aber du hast mein Leben aus dem Verderben geführt,
HERR, mein Gott!
8 Als meine Seele in mir verzagte,
gedachte ich an den HERRN,
und mein Gebet kam zu dir
in deinen heiligen Tempel.

9 Die sich halten an das Nichtige,
verlassen ihre Gnade.
10 Ich aber will mit Dank
dir Opfer bringen.
Meine Gelübde will ich erfüllen.
Hilfe ist bei dem HERRN.

11 Und der HERR sprach zu dem Fisch, und der spie Jona aus ans
Land.

3 Und es geschah das Wort des HERRN zum zweiten Mal zu Jona:
2 Mach dich auf, geh in die große Stadt Ninive und predige ihr, was
ich dir sage!

3 Da machte sich Jona auf und ging hin nach Ninive, wie der HERR
gesagt hatte. Ninive aber war eine große Stadt vor Gott, drei Tage-

Jona in Ninive

reisen groß. 4 Und als Jona anfing, in die Stadt hin-
einzugehen, und eine Tagereise weit gekommen war,
predigte er und sprach: Es sind noch vierzig Tage, so
wird Ninive untergehen. 5 Da glaubten die Leute von Ninive an Gott
und riefen ein Fasten aus und zogen alle, Groß und Klein, den Sack
zur Buße an.

6 Und als das vor den König von Ninive kam, stand er auf von
seinem Thron und legte seinen Purpur ab und hüllte sich in den
Sack und setzte sich in die Asche 7 und ließ ausrufen und sagen in
Ninive als Befehl des Königs und seiner Gewaltigen: Es sollen weder Mensch noch Vieh, weder Rinder noch Schafe etwas zu sich
nehmen, und man soll sie nicht weiden noch Wasser trinken lassen; 8 und sie sollen sich in den Sack hüllen, Menschen und Vieh,
und heftig zu Gott rufen. Und ein jeder kehre um von seinem bösen
Wege und vom Frevel seiner Hände! 9 Wer weiß, ob Gott nicht um-
kehrt und es ihn reut und er sich abwendet von seinem grimmigen
Zorn, dass wir nicht verderben.

[10] Als aber Gott ihr Tun sah, wie sie umkehrten von ihrem bösen
Wege, reute ihn das Übel, das er ihnen angekündigt hatte, und tat's
nicht.

4 Das aber verdross Jona sehr, und er ward zornig [2] und betete
zum HERRN und sprach: Ach, HERR, das ist's ja, was ich dachte,
als ich noch in meinem Lande war. Deshalb wollte ich ja nach Tar-
sis fliehen; denn ich wusste, dass du gnädig, barmherzig, langmütig
und von großer Güte bist und lässt dich des Übels gereuen. [3] So
nimm nun, HERR, meine Seele von mir; denn ich möchte lieber
tot sein als leben. [4] Aber der HERR sprach: Meinst du, dass du mit
Recht zürnst?

[5] Und Jona ging zur Stadt hinaus und ließ sich östlich der Stadt
nieder und machte sich dort eine Hütte; darunter setzte er sich in
den Schatten, bis er sähe, was der Stadt widerfahren würde. [6] Gott
der HERR aber ließ einen Rizinus wachsen; der wuchs über Jona,
dass er Schatten gab seinem Haupt und ihn errettete von seinem
Übel. Und Jona freute sich sehr über den Rizinus.

[7] Aber am Morgen, als die Morgenröte anbrach, ließ Gott einen
Wurm kommen; der stach den Rizinus, dass er verdorrte. [8] Als aber die
Sonne aufgegangen war, ließ Gott einen heißen Ostwind kommen, und
die Sonne stach Jona auf den Kopf, dass er matt wurde. Da wünschte er
sich den Tod und sprach: Ich möchte lieber tot sein als leben.

[9] Da sprach Gott zu Jona: Meinst du, dass du mit Recht zürnst
um des Rizinus willen? Und er sprach: Mit Recht zürne ich bis an
den Tod. [10] Und der HERR sprach: Dich jammert der Rizinus, um
den du dich nicht gemüht hast, hast ihn auch nicht aufgezogen, der
in einer Nacht ward und in einer Nacht verdarb, [11] und mich sollte
nicht jammern Ninive, eine so große Stadt, in der mehr als hundert-
zwanzigtausend Menschen sind, die nicht wissen, was rechts oder
links ist, dazu auch viele Tiere?

Von Heldinnen und dem gelingenden Leben – die Spätschriften des Alten Testaments

Zwischen den Schriften des Alten Testaments und denen des Neuen finden sich in der Lutherbibel die Spätschriften des Alten Testaments, von Luther »Apokryphen« genannt. Ihre Zugehörigkeit zum Kanon der Bibel und auch ihre Platzierung innerhalb desselben ist zwischen den Konfessionen strittig; unstrittig ist aber, dass die Autoren des Neuen Testaments sich vielfach auf diese Schriften beziehen und sie auch als »Schrift« zitieren. Die Spätschriften umfassen Erzählungen und Weisheitstexte. Zu den Erzählungen gehört etwa die Geschichte von Judit. Diese Beispielerzählung schildert exemplarisch eine Situation, in der die überlegene militärische Macht der Assyrer das Volk Israel bedroht. Der drohende Untergang kann nur durch eine ganz auf Gott vertrauende Person abgewendet werden: Judit. Von ihrer Schönheit geblendet gestatten die Wachen ihr Zugang zum assyrischen Feldherrn Holofernes. Bei einem Festgelage nähert er sich ihr voller Begehren. Damit ist sein Schicksal besiegelt … *(Judit 12,10–13,20)*

Weisheitstexte finden sich unter anderem im Buch Jesus Sirach. Dieses ist eine pädagogische Schrift mit vielen sehr praktischen Ratschlägen zur Lebensführung. In ihrer Mitte findet sich ein Text, in dem die »Frau Weisheit« selbst zu Wort kommt und ihre Rolle in der Welt beschreibt. *(Sir 24,1-22)*

Judit tötet Holofernes (Jud 12,10–13,20)

Und es geschah am vierten Tag, da veranstaltete Holofernes ein
Trinkgelage für seine nächsten Diener, und er lud dazu niemanden
ein von denen, die sonst um ihn waren. 11 Und er sprach zu dem
Kämmerer Bagoas, der seine Habe verwaltete: Geh doch und über-
rede die Hebräerin, die bei dir ist, dass sie zu uns kommt und mit
uns isst und trinkt! 12 Denn siehe, es wäre doch eine Schande für uns,
wenn uns eine solche Frau entgehen sollte, ohne dass wir mit ihr
verkehrt hätten. Wenn wir uns ihrer nicht bemächtigen, wird sie uns
verlachen. 13 Da ging Bagoas von Holofernes weg, trat bei ihr ein und
sprach: Die schöne Frau möge doch keine Bedenken haben, zu mei-
nem Herrn zu kommen, um vor ihm geehrt zu werden und mit uns
zum Vergnügen Wein zu trinken und an diesem Tage wie eine der
Töchter der Assyrer zu werden, die im Hause Nebukadnezars leben.
14 Und Judit sprach zu ihm: Wer bin ich, dass ich meinem Herrn wi-
dersprechen könnte? Denn alles, was wohlgefällig ist in seinen Au-
gen, will ich eilends tun, und das wird mir eine Freude sein bis zum
Tag meines Todes. 15 Und sie stand auf und machte sich zurecht mit
einem festlichen Gewand und all ihrem Schmuck. Und ihre Magd
ging voraus und breitete für sie vor Holofernes die Felle aus, die sie
von Bagoas erhalten hatte, um darauf während des Essens zu liegen.
16 Als nun auch Judit hineinging und sich niederlegte, geriet das
Herz des Holofernes ganz außer sich, und seine Seele erbebte und
er entbrannte vor Begierde nach ihr. Denn er suchte schon seit dem
Tage, an dem er sie zuerst gesehen hatte, nach einer Gelegenheit, um
sie zu verführen. 17 Und Holofernes sprach zu ihr: Trink doch und

vergnüge dich mit uns! [18] Judit aber sprach: Gern will ich trinken,
mein Herr, denn heute bin ich erhöht worden, mehr als je zuvor in
meinem Leben! [19] Und sie aß und trank vor ihm, was ihre Magd ihr
zubereitet hatte. [20] Und Holofernes wurde ihretwegen immer aus-
gelassener, und er trank so viel Wein, wie er noch nie im Leben an
einem einzigen Tag getrunken hatte.

13 Als es nun spät geworden war, brachen seine Knechte eilends
auf. Und Bagoas verschloss das Zelt von außen und entließ alle, die
noch Dienst taten. Und sie gingen fort zu ihren Nachtlagern. Denn
alle waren erschöpft, weil das Gelage so lange gedauert hatte. [2] Judit
aber blieb allein in dem Zelt zurück mit Holofernes, der vornüber
auf sein Bett gefallen war. Denn er war völlig betrunken. [3] Und Judit
hatte ihrer Magd gesagt, sie solle draußen vor ihrem Schlafzelt ste-
hen und warten, dass sie wie üblich komme. Dann wolle sie wieder
zum Gebet hinausgehen. Auch zu Bagoas hatte sie so gesprochen.
[4] Als sich nun alle entfernt hatten und niemand mehr zurückgeblie-
ben war, vom Kleinsten bis zum Größten, da trat Judit an sein Bett
heran und sprach in ihrem Herzen: Herr, du Gott aller Macht, sieh
in dieser Stunde gnädig herab auf das Werk meiner Hände, zur Er-
höhung Jerusalems! [5] Denn jetzt ist die Stunde gekommen, dass du
dich deines Erbteils annimmst und ich mein Vorhaben ausführe, um
die Feinde zu zerschmettern, die sich gegen uns erhoben haben.

[6] Und sie ging zum Bettpfosten am Kopf des Holofernes, nahm
sein Schwert herab, [7] trat ganz nah an das Bett heran, packte das
Haar seines Hauptes und sprach: Gib mir Kraft, Herr, du Gott Is-
raels, an diesem Tag! [8] Und sie schlug zweimal auf seinen Nacken,
so stark sie nur konnte, und hieb ihm den Kopf ab. [9] Dann wälzte
sie seinen Körper vom Bett herunter und löste das Mückennetz von
den Stangen. Danach ging sie hinaus und übergab ihrer Magd das
Haupt des Holofernes. [10] Die steckte es in den Beutel für ihre Spei-

sevorräte. Und die beiden gingen gemeinsam hinaus, als ob sie nach ihrer Gewohnheit beten wollten. Doch als sie das Lager durchquert hatten, machten sie einen Bogen um die Schlucht, stiegen auf den Berg von Betulia hinauf und kamen vor die Tore der Stadt.

[11] Und Judit rief den Wächtern bei den Toren schon von Weitem zu: Öffnet, öffnet doch das Tor! Gott ist mit uns! Gott zeigt noch immer Stärke in Israel und Kraft gegen unsere Feinde, so wie er auch heute getan hat! [12] Und es geschah, als die Männer in der Stadt ihre Stimme hörten, eilten sie zum Stadttor und riefen die Ältesten zusammen. [13] Da liefen alle, Klein und Groß, herbei, denn auf ihre Rückkehr hatten sie kaum noch zu hoffen gewagt. Und sie öffneten das Tor, nahmen beide in Empfang, entzündeten zur Beleuchtung ein Feuer und umringten sie.

[14] Judit aber sprach zu ihnen mit lauter Stimme: Lobt Gott, ja lobet ihn! Lobt Gott, der dem Haus Israel sein Erbarmen noch nicht entzogen, sondern unsere Feinde zerschmettert hat in dieser Nacht durch meine Hand!

[15] Dann zog sie das Haupt aus dem Beutel hervor, zeigte es ihnen und sprach: Seht, das Haupt des Holofernes, des Feldhauptmanns der assyrischen Streitmacht! Und seht, das Mückennetz, unter dem er in seiner Trunkenheit lag! Der Herr hat ihn erschlagen durch die Hand einer Frau! [16] So wahr der Herr lebt, der mich bewahrt hat auf meinem Weg, den ich gegangen bin: Mein Aussehen hat ihn verführt zu seinem Verderben, doch er konnte mir keine Gewalt antun, um mich zu beflecken oder zu schänden.

[17] Und das ganze Volk geriet außer sich, und sie warfen sich nieder, beteten Gott an und sprachen einmütig: Gepriesen seist du, unser Gott, der du am heutigen Tag die Feinde deines Volkes zuschanden gemacht hast! [18] Und Usija sprach zu ihr: Gesegnet bist du, Tochter, mehr als alle Frauen auf der Erde, von Gott, dem Höchsten, und

gepriesen sei Gott der Herr, der Himmel und Erde gemacht hat, der dich geleitet hat, das Haupt unserer Feinde zu schlagen! [19] Denn die Hoffnung, die dich geleitet hat, soll nicht aus den Herzen der Menschen weichen, die der Stärke Gottes vertrauen ewiglich! [20] Gott gebe, dass dies zu deinem ewigen Ruhm werde und belohne dich mit Gutem, weil du dein Leben nicht geschont hast in der Erniedrigung unseres Volkes, sondern unserem Untergang entgegengetreten und vor unserem Gott auf geradem Wege gegangen bist! Und das ganze Volk sprach: Amen! Amen!

Das Lob der Weisheit (Sir 24,1-22)

Die Weisheit preist sich selbst, und im Volk rühmt sie sich. [2] Sie tut ihren Mund auf in der Gemeinde des Höchsten und rühmt sich im Angesicht seiner Macht: [3] »Ich ging aus vom Munde des Höchsten und bedeckte wie Nebel die Erde. [4] Mein Zelt war in der Höhe und auf einer Wolkensäule mein Thron. [5] Ich allein umkreiste des Himmels Gewölbe und durchzog die Tiefe des Abgrunds. [6] Auf den Wogen des Meeres, überall auf Erden, unter allen Menschen und Völkern gewann ich Besitz. [7] Bei diesen allen suchte ich Wohnung, um in einem Land Erbbesitz zu finden.

[8] Da gebot mir der Schöpfer aller Dinge, und der mich geschaffen hat, gab mir eine bleibende Wohnung und sprach: In Jakob sollst du wohnen, und in Israel soll dein Erbbesitz sein. [9] Vor der Welt, von Anbeginn hat er mich geschaffen, und ich werde ewig bleiben. [10] Im heiligen Zelt habe ich vor ihm gedient und so auf dem Zion eine feste Stätte gefunden. [11] Er hat mich in die geliebte Stadt gesetzt, dass ich in Jerusalem regieren sollte. [12] Ich habe Wurzeln geschlagen bei einem geehrten Volk, im Eigentum des Herrn, meinem Erbteil.

[13] Ich bin hochgewachsen wie eine Zeder auf dem Libanon und wie eine Zypresse auf dem Gebirge Hermon. [14] Ich bin hochgewachsen

wie eine Palme in En-Gedi und wie die Rosenstöcke in Jericho, wie ein schöner Ölbaum auf freiem Felde; ich bin hochgewachsen wie eine Platane. [15] Ich strömte einen lieblichen Geruch aus wie Zimt und köstliche Kräuter und duftete wie die beste Myrrhe, wie Galbanum und Onyx und Harz und wie der Weihrauch im Tempel. [16] Ich breitete meine Zweige aus wie eine Terebinthe, und meine Zweige waren herrlich und schön. [17] Ich spross lieblich wie der Weinstock, und meine Blüte brachte herrliche und reiche Frucht. [18] Ich bin die Mutter der schönen Liebe und der Gottesfurcht und der Erkenntnis und der heiligen Hoffnung. Mit allen meinen Kindern gebe ich denen Leben, die von ihm benannt sind.

[19] Kommt her zu mir alle, die ihr nach mir verlangt, und sättigt euch an meinen Früchten! [20] Denn an mich zu denken, ist süßer als Honig, und mich zu besitzen, süßer als Honigseim. [21] Wer von mir isst, den hungert immer nach mir; und wer von mir trinkt, den dürstet immer nach mir. [22] Wer mir gehorcht, der wird nicht zuschanden; und wer mir dient, der wird nicht sündigen.«

Neues Testament

Weihnachten – Jesus kommt zur Welt

Das Alte Testament erzählt von vielen außergewöhnlichen Menschen. Einige ragen heraus – vor allem Mose, aber auch Abraham, David, Salomo, Elia oder Jesaja –, doch keiner von ihnen durchzieht das Alte Testament wie ein roter Faden. Das ist im Neuen Testament anders. Zwar begegnen uns auch hier viele und sehr unterschiedliche Menschen, aber es gibt in diesen 27 Schriften doch eine besondere Person, die alle Texte zusammenhält: Jesus von Nazareth. Den ersten Teil des Neuen Testaments bilden die Evangelien: vier verschiedene Berichte über Jesu Leben, seinen Tod und seine Auferstehung. Zwei Evangelisten wissen auch davon zu erzählen, wie er zur Welt kam. Bei Lukas beginnt die Geburtsgeschichte Jesu mit dem Besuch eines Engels bei der jungen, noch unverheirateten Maria. *(Lk 1,26-38)*

Maria nimmt die ihr angekündigte Schwangerschaft nicht einfach nur hin, sondern empfindet sie als Ausdruck einer Erwählung. Als sie Elisabeth, die Mutter des (ebenfalls noch ungeborenen) Täufers Johannes besucht, stimmt sie in einen wunderbaren Lobgesang ein, das sogenannte Magnificat. Dass ausgerechnet sie, die einfache »Magd«, Jesus zur Welt bringen soll, wird so zum Ausdruck dessen, wie Gott generell handelt: Er wendet sich besonders denen zu, die in der Gesellschaftsordnung weit unten stehen, den

»Niedrigen« und »Hungrigen«. Dieses Motiv wird auch die Verkündigung von Jesus und Paulus prägen. *(Lk 1,46-55)*

Und so kommt Jesus nicht in einem Palast, sondern in einem Stall zur Welt. Und nicht Fürsten erweisen ihm die Ehre, sondern Hirten, Menschen aus dem Volk. Im Gesang der Engel auf dem Feld scheint in jener Nacht die einzigartige Bedeutung dieses Kindes auf: Er ist der »Heiland«, er wird Gott die Ehre erweisen und den Menschen Frieden bringen. *(Lk 2,1-20)*

Dem Evangelisten Matthäus verdanken wir eine weitere Erzählung der Geburt Jesu. Bei ihm sind es nicht Hirten, sondern »Weise« (gemeint sind wohl babylonische Sterndeuter), die Jesus huldigen. Sie schließen aus der Beobachtung eines Sterns auf die Geburt des Messias und kommen daher nach Jerusalem an den Königshof zu Herodes, wo sie den neugeborenen König vermuten. Doch diese – an sich naheliegende – Erwartung erfüllt sich nicht, denn Jesus ist ein König ganz eigener Art. *(Mt 2,1-12)*

Johannes erzählt zwar keine Geburtsgeschichte, doch beginnt auch sein Evangelium nicht einfach mit dem erwachsenen Jesus. In einem Vorwort holt er sogar noch viel weiter aus als Matthäus und Lukas: Für ihn ist Jesus das Mensch gewordene Wort Gottes, das schon am Beginn der Welt bei Gott war. Die ganze Schöpfung ist von ihm geprägt. Und doch wird in dem Vorwort auch bereits deutlich, dass sich die Menschen so, wie sie sind, weit von ihm entfernt haben, obwohl er doch ihr Ursprung ist. *(Joh 1,1-18)*

Die Ankündigung der Geburt Jesu (Lk 1,26-38)

Und im sechsten Monat wurde der Engel Gabriel von Gott gesandt
in eine Stadt in Galiläa, die heißt Nazareth, 27 zu einer Jungfrau, die
vertraut war einem Mann mit Namen Josef vom Hause David; und
die Jungfrau hieß Maria. 28 Und der Engel kam zu ihr hinein und
sprach: Sei gegrüßt, du Begnadete! Der Herr ist mit dir! 29 Sie aber
erschrak über die Rede und dachte: Welch ein Gruß ist das? 30 Und
der Engel sprach zu ihr: Fürchte dich nicht, Maria! Du hast Gnade
bei Gott gefunden. 31 Siehe, du wirst schwanger werden und einen
Sohn gebären, dem sollst du den Namen Jesus geben. 32 Der wird
groß sein und Sohn des Höchsten genannt werden; und Gott der
Herr wird ihm den Thron seines Vaters David geben, 33 und er wird
König sein über das Haus Jakob in Ewigkeit, und sein Reich wird
kein Ende haben.

34 Da sprach Maria zu dem Engel: Wie soll das zugehen, da ich doch
von keinem Manne weiß? 35 Der Engel antwortete und sprach zu ihr:
Der Heilige Geist wird über dich kommen, und die Kraft des Höchs-
ten wird dich überschatten; darum wird auch das Heilige, das geboren
wird, Gottes Sohn genannt werden. 36 Und siehe, Elisabeth, deine Ver-
wandte, ist auch schwanger mit einem Sohn, in ihrem Alter, und ist
jetzt im sechsten Monat, sie, von der man sagt, dass sie unfruchtbar
sei. 37 Denn bei Gott ist kein Ding unmöglich. 38 Maria aber sprach:
Siehe, ich bin des Herrn Magd; mir geschehe, wie du gesagt hast. Und
der Engel schied von ihr.

Marias Lobgesang (Lk 1,46-55)

Und Maria sprach:
Meine Seele erhebt den Herrn,
47 und mein Geist freuet sich Gottes, meines Heilandes;
48 denn er hat die Niedrigkeit seiner Magd angesehen.

Siehe, von nun an werden mich selig preisen alle Kindeskinder.
49 Denn er hat große Dinge an mir getan,
der da mächtig ist und dessen Name heilig ist.
50 Und seine Barmherzigkeit währet für und für
bei denen, die ihn fürchten.
51 Er übt Gewalt mit seinem Arm
und zerstreut, die hoffärtig sind in ihres Herzens Sinn.
52 Er stößt die Gewaltigen vom Thron
und erhebt die Niedrigen.
53 Die Hungrigen füllt er mit Gütern
und lässt die Reichen leer ausgehen.
54 Er gedenkt der Barmherzigkeit
und hilft seinem Diener Israel auf,
55 wie er geredet hat zu unsern Vätern,
Abraham und seinen Nachkommen in Ewigkeit.

Jesu Geburt im Stall (Lk 2,1-20)

Es begab sich aber zu der Zeit, dass ein Gebot von dem Kaiser Au-
gustus ausging, dass alle Welt geschätzt würde. 2 Und diese Schät-
zung war die allererste und geschah zur Zeit, da Quirinius Statthal-
ter in Syrien war. 3 Und jedermann ging, dass er sich schätzen ließe,
ein jeglicher in seine Stadt.

4 Da machte sich auf auch Josef aus Galiläa, aus der Stadt Naza-
reth, in das judäische Land zur Stadt Davids, die da heißt Bethle-
hem, darum dass er von dem Hause und Geschlechte Davids war,
5 auf dass er sich schätzen ließe mit Maria, seinem vertrauten Weibe;
die war schwanger. 6 Und als sie daselbst waren, kam die Zeit, dass
sie gebären sollte. 7 Und sie gebar ihren ersten Sohn und wickelte
ihn in Windeln und legte ihn in eine Krippe; denn sie hatten sonst
keinen Raum in der Herberge.

[8] Und es waren Hirten in derselben Gegend auf dem Felde bei den
Hürden, die hüteten des Nachts ihre Herde. [9] Und des Herrn Engel
trat zu ihnen, und die Klarheit des Herrn leuchtete um sie; und sie
fürchteten sich sehr. [10] Und der Engel sprach zu ihnen: Fürchtet euch
nicht! Siehe, ich verkündige euch große Freude, die allem Volk wi-
derfahren wird; [11] denn euch ist heute der Heiland geboren, welcher
ist Christus, der Herr, in der Stadt Davids. [12] Und das habt zum Zei-
chen: Ihr werdet finden das Kind in Windeln gewickelt und in einer
Krippe liegen. [13] Und alsbald war da bei dem Engel die Menge der
himmlischen Heerscharen, die lobten Gott und sprachen: [14] Ehre sei
Gott in der Höhe und Friede auf Erden bei den Menschen seines
Wohlgefallens.

[15] Und da die Engel von ihnen gen Himmel fuhren, sprachen die
Hirten untereinander: Lasst uns nun gehen gen Bethlehem und
die Geschichte sehen, die da geschehen ist, die uns der Herr kund-
getan hat. [16] Und sie kamen eilend und fanden beide, Maria und
Josef, dazu das Kind in der Krippe liegen. [17] Da sie es aber gesehen
hatten, breiteten sie das Wort aus, welches zu ihnen von diesem
Kinde gesagt war. [18] Und alle, vor die es kam, wunderten sich über
die Rede, die ihnen die Hirten gesagt hatten. [19] Maria aber behielt
alle diese Worte und bewegte sie in ihrem Herzen. [20] Und die Hir-
ten kehrten wieder um, priesen und lobten Gott für alles, was sie
gehört und gesehen hatten, wie denn zu ihnen gesagt war.

Die Weisen huldigen Jesus (Mt 2,1-12)

Da Jesus geboren war zu Bethlehem in Judäa zur Zeit des Königs
Herodes, siehe, da kamen Weise aus dem Morgenland nach Jerusa-
lem und sprachen: [2] Wo ist der neugeborene König der Juden? Wir
haben seinen Stern aufgehen sehen und sind gekommen, ihn anzu-
beten.

3 Als das der König Herodes hörte, erschrak er und mit ihm ganz
Jerusalem, 4 und er ließ zusammenkommen alle Hohenpriester und
Schriftgelehrten des Volkes und erforschte von ihnen, wo der Chris-
tus geboren werden sollte. 5 Und sie sagten ihm: Zu Bethlehem in
Judäa; denn so steht geschrieben durch den Propheten: 6 »Und du,
Bethlehem im Lande Juda, bist mitnichten die kleinste unter den
Fürsten Judas; denn aus dir wird kommen der Fürst, der mein Volk
Israel weiden soll.«

7 Da rief Herodes die Weisen heimlich zu sich und erkundete ge-
nau von ihnen, wann der Stern erschienen wäre, 8 und schickte sie
nach Bethlehem und sprach: Zieht hin und forscht fleißig nach dem
Kindlein; und wenn ihr's findet, so sagt mir's wieder, dass auch ich
komme und es anbete. 9 Als sie nun den König gehört hatten, zogen
sie hin. Und siehe, der Stern, den sie hatten aufgehen sehen, ging vor
ihnen her, bis er über dem Ort stand, wo das Kindlein war. 10 Da sie
den Stern sahen, wurden sie hocherfreut 11 und gingen in das Haus
und sahen das Kindlein mit Maria, seiner Mutter, und fielen nieder
und beteten es an und taten ihre Schätze auf und schenkten ihm
Gold, Weihrauch und Myrrhe.

12 Und da ihnen im Traum befohlen wurde, nicht wieder zu He-
rodes zurückzukehren, zogen sie auf einem andern Weg wieder in
ihr Land.

Jesus, das Fleisch gewordene Wort (Joh 1,1-18)

Im Anfang war das Wort, und das Wort war bei Gott, und Gott
war das Wort. 2 Dasselbe war im Anfang bei Gott. 3 Alle Dinge sind
durch dasselbe gemacht, und ohne dasselbe ist nichts gemacht, was
gemacht ist. 4 In ihm war das Leben, und das Leben war das Licht
der Menschen. 5 Und das Licht scheint in der Finsternis, und die
Finsternis hat's nicht ergriffen.

[6] Es war ein Mensch, von Gott gesandt, der hieß Johannes. [7] Der
kam zum Zeugnis, damit er von dem Licht zeuge, auf dass alle durch
ihn glaubten. [8] Er war nicht das Licht, sondern er sollte zeugen von
dem Licht.

[9] Das war das wahre Licht, das alle Menschen erleuchtet, die in
diese Welt kommen. [10] Es war in der Welt, und die Welt ist durch
dasselbe gemacht; und die Welt erkannte es nicht. [11] Er kam in sein
Eigentum; und die Seinen nahmen ihn nicht auf. [12] Wie viele ihn
aber aufnahmen, denen gab er Macht, Gottes Kinder zu werden:
denen, die an seinen Namen glauben, [13] die nicht aus menschlichem
Geblüt noch aus dem Willen des Fleisches noch aus dem Willen
eines Mannes, sondern aus Gott geboren sind.

[14] Und das Wort ward Fleisch und wohnte unter uns, und wir sahen seine Herrlichkeit, eine Herrlichkeit als des eingeborenen Sohnes vom Vater, voller Gnade und Wahrheit.

[15] Johannes zeugt von ihm und ruft: Dieser war es, von dem ich gesagt habe: Nach mir wird kommen, der vor mir gewesen ist; denn er war eher als ich.

[16] Von seiner Fülle haben wir alle genommen Gnade um Gnade.
[17] Denn das Gesetz ist durch Mose gegeben; die Gnade und Wahr-
heit ist durch Jesus Christus geworden. [18] Niemand hat Gott je ge-
sehen; der Eingeborene, der Gott ist und in des Vaters Schoß ist, der
hat es verkündigt.

Jesus ruft zur Umkehr und in die Nachfolge

Im Alter von etwa 30 Jahren beginnt Jesus öffentlich aufzutreten. Er zieht durch die Dörfer Galiläas und fordert die Menschen zur Umkehr zu Gott auf. Damit knüpft er an die Verkündigung von Johannes dem Täufer an, von dem er auch getauft wird. Bei der Taufe als Gottes Sohn proklamiert, ruft Jesus das Reich Gottes aus: Nicht erst in ferner Zukunft, sondern jetzt, mit Jesus, kommt es zu den Menschen. Diese sind aufgerufen sich darauf einzustellen. *(Mk 1,1-15)*

Jeder, der sich Jesus anschließen möchte, sieht sich einem enormen Anspruch ausgesetzt: Erwartet wird die absolute Freiheit von den eigenen Bedürfnissen – wie sie jemand hat, der zum Sterben bereit ist und sich selbst loslassen kann. *(Mk 8,34–9,1)*

Das beinhaltet auch ein neues Verhältnis zum materiellen Besitz: Er wird unwichtig, ja kann sogar an der Nachfolge hindern. Wenn Nachfolge bedeutet, sich ganz in Gottes Hand zu geben, dann sollte es eigentlich leichtfallen, um des »Schatzes im Himmel« willen die irdischen Schätze loszulassen. Wer dazu nicht bereit ist, zeigt damit, dass er sich nicht mit ganzem Herzen auf Gott einlassen will. *(Mk 10,17-27)*

Mit verstörenden Worten macht Jesus das radikal Neue und Herausfordernde seiner Botschaft deutlich: Sogar ganz elementare familiäre Verpflichtungen müssen angesichts des Ernstes und der Dringlichkeit des Rufes in die Nachfolge zurückstehen. Wenn das Reich Gottes jetzt wirklich kommt – und das ist Jesu Anspruch –, dann wird alles andere unwichtig. *(Lk 9,57-62)*

Jesus wird getauft und ruft zur Umkehr (Mk 1,1-15)

Dies ist der Anfang des Evangeliums von Jesus Christus, dem Sohn
Gottes.
[2] Wie geschrieben steht im Propheten Jesaja: »Siehe, ich sende mei-
nen Boten vor dir her, der deinen Weg bereiten soll.« [3] »Es ist eine
Stimme eines Predigers in der Wüste: Bereitet den Weg des Herrn,
macht seine Steige eben!«, [4] so war Johannes in der Wüste, taufte
und predigte die Taufe der Buße zur Vergebung der Sünden. [5] Und
es ging zu ihm hinaus das ganze judäische Land und alle Leute von
Jerusalem und ließen sich von ihm taufen im Jordan und bekann-
ten ihre Sünden. [6] Und Johannes trug ein Gewand aus Kamelhaaren
und einen ledernen Gürtel um seine Lenden und aß Heuschrecken
und wilden Honig. [7] Und er predigte und sprach: Nach mir kommt
der, der stärker ist als ich; ich bin nicht wert, dass ich mich vor ihm
bücke und die Riemen seiner Schuhe löse. [8] Ich habe euch mit Was-
ser getauft; aber er wird euch mit dem Heiligen Geist taufen.
[9] Und es begab sich zu der Zeit, dass Jesus aus Nazareth in Galiläa
kam und ließ sich taufen von Johannes im Jordan. [10] Und alsbald, als
er aus dem Wasser stieg, sah er, dass sich der Himmel auftat und
der Geist wie eine Taube herabkam auf ihn. [11] Und da geschah eine
Stimme vom Himmel: Du bist mein lieber Sohn, an dir habe ich
Wohlgefallen.
[12] Und alsbald trieb ihn der Geist in die Wüste; [13] und er war in der
Wüste vierzig Tage und wurde versucht von dem Satan und war bei

den Tieren, und die Engel dienten ihm.
14 Nachdem aber Johannes überantwortet war, kam Jesus nach Ga-
liläa und predigte das Evangelium Gottes
15 und sprach: Die Zeit ist
erfüllt, und das Reich Gottes ist nahe herbeigekommen. Tut Buße
und glaubt an das Evangelium!

Kreuz und Nachfolge (Mk 8,34–9,1)

Und er rief zu sich das Volk samt seinen Jüngern und sprach zu
ihnen: Will mir jemand nachfolgen, der verleugne sich selbst und
nehme sein Kreuz auf sich und folge mir nach.
35 Denn wer sein Le-
ben behalten will, der wird's verlieren; und wer sein Leben verliert
um meinetwillen und um des Evangeliums willen, der wird's behal-
ten.
36 Denn was hilft es dem Menschen, die ganze Welt zu gewin-
nen und Schaden zu nehmen an seiner Seele?
37 Denn was kann der
Mensch geben, womit er seine Seele auslöse?
38 Wer sich aber meiner und meiner Worte schämt unter diesem ehe-
brecherischen und sündigen Geschlecht, dessen wird sich auch der
Menschensohn schämen, wenn er kommen wird in der Herrlichkeit
seines Vaters mit den heiligen Engeln.
9 Und er sprach zu ihnen: Wahrlich, ich sage euch: Es stehen einige
hier, die werden den Tod nicht schmecken, bis sie sehen das Reich
Gottes kommen mit Kraft.

Reichtum und Nachfolge (Mk 10,17-27)

Und als er hinausging auf den Weg, lief einer herbei, kniete vor ihm
nieder und fragte ihn: Guter Meister, was soll ich tun, damit ich das
ewige Leben ererbe?
18 Aber Jesus sprach zu ihm: Was nennst du
mich gut? Niemand ist gut als der eine Gott.
19 Du kennst die Ge-
bote: »Du sollst nicht töten; du sollst nicht ehebrechen; du sollst
nicht stehlen; du sollst nicht falsch Zeugnis reden; du sollst nieman-
den berauben; du sollst deinen Vater und deine Mutter ehren.«
20 Er

aber sprach zu ihm: Meister, das habe ich alles gehalten von meiner
Jugend auf. 21 Und Jesus sah ihn an und gewann ihn lieb und sprach
zu ihm: Eines fehlt dir. Geh hin, verkaufe alles, was du hast, und
gib's den Armen, so wirst du einen Schatz im Himmel haben, und
komm, folge mir nach! 22 Er aber wurde betrübt über das Wort und
ging traurig davon; denn er hatte viele Güter.

23 Und Jesus sah um sich und sprach zu seinen Jüngern: Wie
schwer werden die Reichen in das Reich Gottes kommen! 24 Die
Jünger aber entsetzten sich über seine Worte. Aber Jesus antwortete
wiederum und sprach zu ihnen: Liebe Kinder, wie schwer ist's, ins
Reich Gottes zu kommen! 25 Es ist leichter, dass ein Kamel durch ein
Nadelöhr gehe, als dass ein Reicher ins Reich Gottes komme. 26 Sie
entsetzten sich aber noch viel mehr und sprachen untereinander:
Wer kann dann selig werden? 27 Jesus sah sie an und sprach: Bei den
Menschen ist's unmöglich, aber nicht bei Gott; denn alle Dinge sind
möglich bei Gott.

Der Ernst der Nachfolge (Lk 9,57-62)

Und als sie auf dem Wege waren, sprach einer zu ihm: Ich will dir
folgen, wohin du gehst. 58 Und Jesus sprach zu ihm: Die Füchse ha-
ben Gruben und die Vögel unter dem Himmel haben Nester; aber
der Menschensohn hat nichts, wo er sein Haupt hinlege.

59 Und er sprach zu einem andern: Folge mir nach! Der sprach
aber: Herr, erlaube mir, dass ich zuvor hingehe und meinen Vater
begrabe. 60 Er aber sprach zu ihm: Lass die Toten ihre Toten begra-
ben; du aber geh hin und verkündige das Reich Gottes!

61 Und ein andrer sprach: Herr, ich will dir nachfolgen; aber er-
laube mir zuvor, dass ich Abschied nehme von denen, die in mei-
nem Hause sind. 62 Jesus aber sprach zu ihm: Wer die Hand an
den Pflug legt und sieht zurück, der ist nicht geschickt für das
Reich Gottes.

Die Bergpredigt

Der Evangelist Matthäus fügt in seine Darstellung des Wirkens Jesu fünf längere Reden ein. Eine davon ist die Bergpredigt – einer der bekanntesten Texte der Bibel überhaupt. Sie berührt auch Menschen, die nicht im traditionellen Sinne gläubig sind. Was macht diese »Rede der Reden« so besonders? Ihre Überzeugungskraft liegt in den Worten selbst. Jesus muss sich nicht auf eine besondere Offenbarung berufen oder den Menschen drohen für den Fall, dass sie ihm nicht folgen. Seine Worte sprechen für sich. In ihnen spricht Jesus Ur-Menschliches an. Auffallend viel argumentiert er dabei mit der Schöpfung, also mit dem, was dem Menschen geschenkt ist (»Schaut die Lilien ...«). Gottes Güte liegt vor aller Augen! Gleichzeitig begegnet uns in dieser Rede ein Anspruch, der kaum erfüllbar erscheint (»Liebt eure Feinde ...«). So leuchtet das, was Jesus sagt, zugleich unmittelbar ein und ist doch absolut radikal.

»Bergpredigt« wird die Rede genannt, weil Jesus von einem Berg aus spricht, um von den Menschen besser verstanden zu werden. Zugleich erinnert der Ort an den Berg Sinai, auf dem Mose die Zehn Gebote erhalten hat. Damit deutet er auf die ganz besondere »Vollmacht« hin, die in Jesu Worten zum Ausdruck kommt und die diesen am Ende auch von den Hörern attestiert wird. *(Mt 5–7)*

Als er aber das Volk sah, ging er auf einen Berg. Und er setzte sich,
und seine Jünger traten zu ihm. 2 Und er tat seinen Mund auf, lehrte
sie und sprach:

3 Selig sind, die da geistlich arm sind; denn ihrer ist das Himmel-
reich.

4 Selig sind, die da Leid tragen; denn sie sollen getröstet werden.

5 Selig sind die Sanftmütigen; denn sie werden das Erdreich be-
sitzen.

6 Selig sind, die da hungert und dürstet nach der Gerechtigkeit;
denn sie sollen satt werden.

7 Selig sind die Barmherzigen; denn sie werden Barmherzigkeit er-
langen.

8 Selig sind, die reinen Herzens sind; denn sie werden Gott schauen.

9 Selig sind, die Frieden stiften; denn sie werden Gottes Kinder
heißen.

10 Selig sind, die um der Gerechtigkeit willen verfolgt werden;
denn ihrer ist das Himmelreich.

11 Selig seid ihr, wenn euch die Menschen um meinetwillen schmä-
hen und verfolgen und allerlei Böses gegen euch reden und dabei
lügen. 12 Seid fröhlich und jubelt; es wird euch im Himmel reichlich
belohnt werden. Denn ebenso haben sie verfolgt die Propheten, die
vor euch gewesen sind.

13 Ihr seid das Salz der Erde. Wenn nun das Salz nicht mehr salzt,
womit soll man salzen? Es ist zu nichts mehr nütze, als dass man es
wegschüttet und lässt es von den Leuten zertreten.

14 Ihr seid das Licht der Welt. Es kann die Stadt, die auf einem
Berge liegt, nicht verborgen sein. 15 Man zündet auch nicht ein Licht
an und setzt es unter einen Scheffel, sondern auf einen Leuchter; so
leuchtet es allen, die im Hause sind. 16 So lasst euer Licht leuchten
vor den Leuten, damit sie eure guten Werke sehen und euren Vater
im Himmel preisen.

17 Ihr sollt nicht meinen, dass ich gekommen bin, das Gesetz oder
die Propheten aufzulösen; ich bin nicht gekommen aufzulösen, son-
dern zu erfüllen. 18 Denn wahrlich, ich sage euch: Bis Himmel und
Erde vergehen, wird nicht vergehen der kleinste Buchstabe noch ein
Tüpfelchen vom Gesetz, bis es alles geschieht. 19 Wer nun eines von
diesen kleinsten Geboten auflöst und lehrt die Leute so, der wird der
Kleinste heißen im Himmelreich; wer es aber tut und lehrt, der wird
groß heißen im Himmelreich.

20 Denn ich sage euch: Wenn eure Gerechtigkeit nicht besser ist
als die der Schriftgelehrten und Pharisäer, so werdet ihr nicht in das
Himmelreich kommen.

Die Antithesen

21 Ihr habt gehört, dass zu den Alten gesagt ist: »Du sollst nicht
töten«; wer aber tötet, der soll des Gerichts schuldig sein. 22 Ich aber
sage euch: Wer mit seinem Bruder zürnt, der ist des
Gerichts schuldig; wer aber zu seinem Bruder sagt:
Du Nichtsnutz!, der ist des Hohen Rats schuldig;
wer aber sagt: Du Narr!, der ist des höllischen Feuers schuldig.

23 Darum, wenn du deine Gabe auf dem Altar opferst und dort
kommt dir in den Sinn, dass dein Bruder etwas gegen dich hat, 24 so
lass dort vor dem Altar deine Gabe und geh zuerst hin und versöhne
dich mit deinem Bruder, und dann komm und opfere deine Gabe.

25 Vertrage dich mit deinem Widersacher sogleich, solange du noch
mit ihm auf dem Weg bist, auf dass dich der Widersacher nicht dem
Richter überantworte und der Richter dem Gerichtsdiener und du
ins Gefängnis geworfen werdest. 26 Wahrlich, ich sage dir: Du wirst
nicht von dort herauskommen, bis du auch den letzten Heller be-
zahlt hast.

27 Ihr habt gehört, dass gesagt ist: »Du sollst nicht ehebrechen.«
28 Ich aber sage euch: Wer eine Frau ansieht, sie zu begehren, der hat
schon mit ihr die Ehe gebrochen in seinem Herzen.

29 Wenn dich aber dein rechtes Auge verführt, so reiß es aus und
wirf's von dir. Es ist besser für dich, dass eins deiner Glieder verderbe
und nicht der ganze Leib in die Hölle geworfen werde. 30 Wenn dich
deine rechte Hand verführt, so hau sie ab und wirf sie von dir. Es
ist besser für dich, dass eins deiner Glieder verderbe und nicht der
ganze Leib in die Hölle fahre.

31 Es ist auch gesagt: »Wer sich von seiner Frau scheidet, der soll ihr
einen Scheidebrief geben.« 32 Ich aber sage euch: Wer sich von seiner
Frau scheidet, es sei denn wegen Unzucht, der macht, dass sie die Ehe
bricht; und wer eine Geschiedene heiratet, der bricht die Ehe.

33 Ihr habt weiter gehört, dass zu den Alten gesagt ist: »Du sollst
keinen falschen Eid schwören und sollst dem Herrn deine Eide hal-
ten.« 34 Ich aber sage euch, dass ihr überhaupt nicht schwören sollt,
weder bei dem Himmel, denn er ist Gottes Thron; 35 noch bei der
Erde, denn sie ist der Schemel seiner Füße; noch bei Jerusalem, denn
sie ist die Stadt des großen Königs. 36 Auch sollst du nicht bei dei-
nem Haupt schwören; denn du vermagst nicht ein einziges Haar
weiß oder schwarz zu machen. 37 Eure Rede aber sei: Ja, ja; nein, nein.
Was darüber ist, das ist vom Bösen.

38 Ihr habt gehört, dass gesagt ist: »Auge um Auge, Zahn um
Zahn.« 39 Ich aber sage euch, dass ihr nicht widerstreben sollt dem
Bösen, sondern: Wenn dich jemand auf deine rechte Backe schlägt,
dem biete die andere auch dar. 40 Und wenn jemand mit dir rechten
will und dir deinen Rock nehmen, dem lass auch den Mantel. 41 Und
wenn dich jemand eine Meile nötigt, so geh mit ihm zwei. 42 Gib
dem, der dich bittet, und wende dich nicht ab von dem, der etwas
von dir borgen will.

43 Ihr habt gehört, dass gesagt ist: »Du sollst deinen Nächsten lie-
ben« und deinen Feind hassen. 44 Ich aber sage euch: Liebt eure Feinde
und bittet für die, die euch verfolgen, 45 auf dass ihr Kinder seid eures

Vaters im Himmel. Denn er lässt seine Sonne aufgehen über Böse
und Gute und lässt regnen über Gerechte und Ungerechte.

46 Denn wenn ihr liebt, die euch lieben, was werdet ihr für Lohn
haben? Tun nicht dasselbe auch die Zöllner? 47 Und wenn ihr nur zu
euren Brüdern freundlich seid, was tut ihr Besonderes? Tun nicht
dasselbe auch die Heiden? 48 Darum sollt ihr vollkommen sein, wie
euer himmlischer Vater vollkommen ist.

6 Habt aber acht, dass ihr eure Gerechtigkeit nicht übt vor den
Leuten, um von ihnen gesehen zu werden; ihr habt sonst keinen
Lohn bei eurem Vater im Himmel.

Gerechtigkeit im Verborgenen

2 Wenn du nun Almosen gibst, sollst du es nicht vor dir ausposau-
nen, wie es die Heuchler tun in den Synagogen und auf den Gassen,
damit sie von den Leuten gepriesen werden. Wahr-
lich, ich sage euch: Sie haben ihren Lohn schon ge-
habt. 3 Wenn du aber Almosen gibst, so lass deine
linke Hand nicht wissen, was die rechte tut, 4 auf dass
dein Almosen verborgen bleibe; und dein Vater, der in das Verbor-
gene sieht, wird dir's vergelten.

5 Und wenn ihr betet, sollt ihr nicht sein wie die Heuchler, die
gern in den Synagogen und an den Straßenecken stehen und be-
ten, um sich vor den Leuten zu zeigen. Wahrlich, ich sage euch: Sie
haben ihren Lohn schon gehabt. 6 Wenn du aber betest, so geh in
dein Kämmerlein und schließ die Tür zu und bete zu deinem Vater,
der im Verborgenen ist; und dein Vater, der in das Verborgene sieht,
wird dir's vergelten.

7 Und wenn ihr betet, sollt ihr nicht viel plappern wie die Hei-
den; denn sie meinen, sie werden erhört, wenn sie viele Worte
machen. 8 Darum sollt ihr ihnen nicht gleichen. Denn euer Vater
weiß, was ihr bedürft, bevor ihr ihn bittet. 9 Darum sollt ihr so
beten:

Das Vaterunser

Unser Vater im Himmel!
Dein Name werde geheiligt.
10 Dein Reich komme.
Dein Wille geschehe
wie im Himmel so auf Erden.
11 Unser tägliches Brot gib uns heute.
12 Und vergib uns unsere Schuld,
wie auch wir vergeben unsern Schuldigern.
13 Und führe uns nicht in Versuchung,
sondern erlöse uns von dem Bösen.
Denn dein ist das Reich und die Kraft und die Herrlichkeit in Ewigkeit. Amen.

14 Denn wenn ihr den Menschen ihre Verfehlungen vergebt, so wird
euch euer himmlischer Vater auch vergeben. 15 Wenn ihr aber den
Menschen nicht vergebt, so wird euch euer Vater eure Verfehlungen
auch nicht vergeben.

16 Wenn ihr fastet, sollt ihr nicht sauer dreinsehen wie die Heuchler; denn sie verstellen ihr Gesicht, um sich vor den Leuten zu zeigen mit ihrem Fasten. Wahrlich, ich sage euch: Sie haben ihren Lohn
schon gehabt. 17 Wenn du aber fastest, so salbe dein Haupt und wa-
sche dein Gesicht, 18 damit du dich nicht vor den Leuten zeigst mit
deinem Fasten, sondern vor deinem Vater, der im Verborgenen ist; und dein Vater, der in das Verborgene sieht, wird dir's vergelten.

19 Ihr sollt euch nicht Schätze sammeln auf Erden, wo Motten und
Rost sie fressen und wo Diebe einbrechen und stehlen. 20 Sammelt
euch aber Schätze im Himmel, wo weder Motten noch Rost sie fres-
sen und wo Diebe nicht einbrechen und stehlen. 21 Denn wo dein
Schatz ist, da ist auch dein Herz.

22 Das Auge ist das Licht des Leibes. Wenn dein Auge lauter ist, so
wird dein ganzer Leib licht sein. 23 Wenn aber dein Auge böse ist, so

wird dein ganzer Leib finster sein. Wenn nun das Licht, das in dir
ist, Finsternis ist, wie groß wird dann die Finsternis sein!
24 Niemand kann zwei Herren dienen: Entweder er wird den einen
hassen und den andern lieben, oder er wird an dem einen hängen
und den andern verachten. Ihr könnt nicht Gott dienen und dem
Mammon.
25 Darum sage ich euch: Sorgt euch nicht um euer Leben, was
ihr essen und trinken werdet; auch nicht um euren Leib, was ihr
anziehen werdet. Ist nicht das Leben mehr als die
Nahrung und der Leib mehr als die Kleidung?
26 Seht die Vögel unter dem Himmel an: Sie säen
nicht, sie ernten nicht, sie sammeln nicht in die Scheunen; und
euer himmlischer Vater ernährt sie doch. Seid ihr denn nicht viel
kostbarer als sie? 27 Wer ist aber unter euch, der seiner Länge eine
Elle zusetzen könnte, wie sehr er sich auch darum sorgt?
28 Und warum sorgt ihr euch um die Kleidung? Schaut die Lilien
auf dem Feld an, wie sie wachsen: Sie arbeiten nicht, auch spinnen
sie nicht. 29 Ich sage euch, dass auch Salomo in aller seiner Herr-
lichkeit nicht gekleidet gewesen ist wie eine von ihnen. 30 Wenn
nun Gott das Gras auf dem Feld so kleidet, das doch heute steht
und morgen in den Ofen geworfen wird: Sollte er das nicht viel
mehr für euch tun, ihr Kleingläubigen? 31 Darum sollt ihr nicht
sorgen und sagen: Was werden wir essen? Was werden wir trin-
ken? Womit werden wir uns kleiden? 32 Nach dem allen trachten
die Heiden. Denn euer himmlischer Vater weiß, dass ihr all dessen
bedürft.
33 Trachtet zuerst nach dem Reich Gottes und nach seiner Gerech-
tigkeit, so wird euch das alles zufallen. 34 Darum sorgt nicht für mor-
gen, denn der morgige Tag wird für das Seine sorgen. Es ist genug,
dass jeder Tag seine eigene Plage hat.

Sorgt euch nicht!

7 Richtet nicht, damit ihr nicht gerichtet werdet. 2 Denn wie ihr
richtet, werdet ihr gerichtet werden; und mit welchem Maß ihr
messt, wird euch zugemessen werden.

3 Was siehst du aber den Splitter in deines Bruders Auge und
nimmst nicht wahr den Balken in deinem Auge? 4 Oder wie kannst
du sagen zu deinem Bruder: Halt, ich will dir den Splitter aus dei-
nem Auge ziehen! – und siehe, ein Balken ist in deinem Auge? 5 Du
Heuchler, zieh zuerst den Balken aus deinem Auge; danach kannst
du sehen und den Splitter aus deines Bruders Auge ziehen.

6 Ihr sollt das Heilige nicht den Hunden geben, und eure Perlen
sollt ihr nicht vor die Säue werfen, damit die sie nicht zertreten mit
ihren Füßen und sich umwenden und euch zerreißen.

Vom zuversichtlichen Beten

7 Bittet, so wird euch gegeben; suchet, so werdet ihr finden; klopfet
an, so wird euch aufgetan. 8 Denn wer da bittet, der
empfängt; und wer da sucht, der findet; und wer da
anklopft, dem wird aufgetan.

9 Oder ist ein Mensch unter euch, der seinem Sohn,
wenn er ihn bittet um Brot, einen Stein biete? 10 Oder
der ihm, wenn er ihn bittet um einen Fisch, eine Schlange biete?
11 Wenn nun ihr, die ihr doch böse seid, dennoch euren Kindern gute
Gaben zu geben wisst, wie viel mehr wird euer Vater im Himmel
Gutes geben denen, die ihn bitten!

12 Alles nun, was ihr wollt, dass euch die Leute tun sollen, das tut
ihr ihnen auch! Das ist das Gesetz und die Propheten.

13 Geht hinein durch die enge Pforte. Denn die Pforte ist weit und
der Weg ist breit, der zur Verdammnis führt, und viele sind's, die auf
ihm hineingehen. 14 Wie eng ist die Pforte und wie schmal der Weg,
der zum Leben führt, und wenige sind's, die ihn finden!

15 Seht euch vor vor den falschen Propheten, die in Schafskleidern
zu euch kommen, inwendig aber sind sie reißende Wölfe. 16 An ihren

Früchten sollt ihr sie erkennen. Kann man denn Trauben lesen von
den Dornen oder Feigen von den Disteln? [17] So bringt jeder gute
Baum gute Früchte; aber ein fauler Baum bringt schlechte Früchte.
[18] Ein guter Baum kann nicht schlechte Früchte bringen und ein fau-
ler Baum kann nicht gute Früchte bringen. [19] Jeder Baum, der nicht
gute Früchte bringt, wird abgehauen und ins Feuer geworfen. [20] Da-
rum, an ihren Früchten sollt ihr sie erkennen.

[21] Es werden nicht alle, die zu mir sagen: Herr, Herr!, in das Him-
melreich kommen, sondern die den Willen tun meines Vaters im
Himmel. [22] Es werden viele zu mir sagen an jenem Tage: Herr, Herr,
haben wir nicht in deinem Namen geweissagt? Haben wir nicht in
deinem Namen Dämonen ausgetrieben? Haben wir nicht in deinem
Namen viele Machttaten getan? [23] Dann werde ich ihnen bekennen:
Ich habe euch nie gekannt; weicht von mir, die ihr das Gesetz über-
tretet!

[24] Darum, wer diese meine Rede hört und tut sie, der gleicht einem
klugen Mann, der sein Haus auf Fels baute. [25] Als nun ein Platzre-
gen fiel und die Wasser kamen und die Winde wehten und stießen
an das Haus, fiel es doch nicht ein; denn es war auf Fels gegründet.

[26] Und wer diese meine Rede hört und tut sie nicht, der gleicht
einem törichten Mann, der sein Haus auf Sand baute. [27] Als nun ein
Platzregen fiel und die Wasser kamen und die Winde wehten und
stießen an das Haus, da fiel es ein und sein Fall war groß.

[28] Und es begab sich, als Jesus diese Rede vollendet hatte, dass sich
das Volk entsetzte über seine Lehre; [29] denn er lehrte sie mit Voll-
macht und nicht wie ihre Schriftgelehrten.

Jesus spricht von Gott und seinem Reich

Wie kann man von Gott reden? Kann Gott überhaupt in menschlichen Worten zur Sprache kommen? Jesus spricht in Bildern von Gott und seinem »Reich«, das heißt seinem Wirken in der Welt. Er erzählt dazu Geschichten, denen oft ganz alltägliche Begebenheiten zugrunde liegen. Doch indem er sie als Gleichnisse von Gott und seinem Reich erzählt, lässt er in ihnen Gottes Gegenwart aufscheinen. Ohne allgemeingültige »Wahrheiten« zu vermitteln, weisen sie auf tiefere Wahrheiten hin. Ein Beispiel dafür sind die Gleichnisse vom Senfkorn und vom Sauerteig: Dem unscheinbaren Anfang steht ein überwältigendes Ergebnis gegenüber. So ist es manchmal auch mit Gottes Wirken in dieser Welt. *(Mt 13,31-33)*

Mittels zweier weiterer Kurzgleichnisse – von einem Schatz im Acker sowie einer wertvollen Perle – verdeutlicht Jesus, wie attraktiv und anziehend das Reich Gottes ist. Da wird es für den Menschen zur Selbstverständlichkeit, alles dafür einzusetzen. *(Mt 13,44-46)*

Das Gleichnis von den Arbeitern im Weinberg ist demgegenüber eine längere Erzählung. Sie zeigt, wie grenzenlos Gottes Güte ist. Das Handeln des Weinbergbesitzers ist nach menschlichen Maßstäben nicht nur unvernünftig, sondern sogar anstößig, doch Gottes Güte sprengt alle Grenzen. *(Mt 20,1-16)*

Das wird ganz ähnlich auch an dem vielleicht bekanntesten Gleichnis Jesu deutlich: dem vom verlorenen Sohn. Eigentlich handelt es von zwei Söhnen: dem jüngeren, »verlorenen« Sohn, der von seinen Abwegen schließlich reumütig zu seinem Vater zurückkehrt, sowie dem älteren Sohn, der immer treu beim Vater geblieben ist. Beide sind gleichermaßen von ihm geliebt. *(Lk 15,11-32)*

So ist jeder Mensch von Jesus als ein Kind Gottes angesprochen und zum Reich Gottes eingeladen, wie zu einem großen Festmahl. Doch so einladend dieses Reich auch ist – nicht jeder folgt dem Ruf. Daher finden sich am Ende gerade auch jene am Tisch Gottes wieder, die am wenigsten damit gerechnet haben. *(Lk 14,16-24)*

Vom Senfkorn und vom Sauerteig (Mt 13,31-33)

Ein anderes Gleichnis legte er ihnen vor und sprach: Das Himmelreich gleicht einem Senfkorn, das ein Mensch nahm und auf seinen Acker säte; 32 das ist das kleinste unter allen Samenkörnern; wenn es aber gewachsen ist, so ist es größer als alle Kräuter und wird ein Baum, dass die Vögel unter dem Himmel kommen und wohnen in seinen Zweigen.

33 Ein anderes Gleichnis sagte er ihnen: Das Himmelreich gleicht einem Sauerteig, den eine Frau nahm und unter drei Scheffel Mehl mengte, bis es ganz durchsäuert war.

Vom Schatz im Acker und von der kostbaren Perle (Mt 13,44-46)

Das Himmelreich gleicht einem Schatz, verborgen im Acker, den
ein Mensch fand und verbarg; und in seiner Freude geht er hin und
verkauft alles, was er hat, und kauft den Acker.
45 Wiederum gleicht das Himmelreich einem Kaufmann, der gute
Perlen suchte, 46 und da er eine kostbare Perle fand, ging er hin und
verkaufte alles, was er hatte, und kaufte sie.

Von den Arbeitern im Weinberg (Mt 20,1-16)

Denn das Himmelreich gleicht einem Hausherrn, der früh am Mor-
gen ausging, um Arbeiter anzuwerben für seinen Weinberg. 2 Und
als er mit den Arbeitern einig wurde über einen Silbergroschen als
Tagelohn, sandte er sie in seinen Weinberg.
3 Und er ging aus um die dritte Stunde und sah andere auf dem
Markt müßig stehen 4 und sprach zu ihnen: Geht ihr auch hin in
den Weinberg; ich will euch geben, was recht ist. 5 Und sie gingen
hin. Abermals ging er aus um die sechste und um die neunte Stunde
und tat dasselbe. 6 Um die elfte Stunde aber ging er aus und fand
andere stehen und sprach zu ihnen: Was steht ihr den ganzen Tag
müßig da? 7 Sie sprachen zu ihm: Es hat uns niemand angeworben.
Er sprach zu ihnen: Geht ihr auch hin in den Weinberg.
8 Als es nun Abend wurde, sprach der Herr des Weinbergs zu sei-
nem Verwalter: Ruf die Arbeiter und gib ihnen den Lohn und fang an
bei den letzten bis zu den ersten. 9 Da kamen, die um die elfte Stunde
angeworben waren, und jeder empfing seinen Silbergroschen. 10 Als
aber die Ersten kamen, meinten sie, sie würden mehr empfangen; und
sie empfingen auch ein jeder seinen Silbergroschen. 11 Und als sie den
empfingen, murrten sie gegen den Hausherrn 12 und sprachen: Diese
Letzten haben nur eine Stunde gearbeitet, doch du hast sie uns gleich-
gestellt, die wir des Tages Last und die Hitze getragen haben.

13 Er antwortete aber und sagte zu einem von ihnen: Mein Freund,
ich tu dir nicht Unrecht. Bist du nicht mit mir einig geworden über
einen Silbergroschen? 14 Nimm, was dein ist, und geh! Ich will aber
diesem Letzten dasselbe geben wie dir. 15 Oder habe ich nicht Macht
zu tun, was ich will, mit dem, was mein ist? Siehst du darum scheel,
weil ich so gütig bin?

16 So werden die Letzten die Ersten und die Ersten die Letzten
sein.

Vom verlorenen Sohn (Lk 15,11-32)

Und er sprach: Ein Mensch hatte zwei Söhne. 12 Und der jüngere von
ihnen sprach zu dem Vater: Gib mir, Vater, das Erbteil, das mir zu-
steht. Und er teilte Hab und Gut unter sie. 13 Und nicht lange danach
sammelte der jüngere Sohn alles zusammen und zog in ein fernes
Land; und dort brachte er sein Erbteil durch mit Prassen. 14 Als er
aber alles verbraucht hatte, kam eine große Hungersnot über jenes
Land und er fing an zu darben 15 und ging hin und hängte sich an ei-
nen Bürger jenes Landes; der schickte ihn auf seinen Acker, die Säue
zu hüten. 16 Und er begehrte, seinen Bauch zu füllen mit den Schoten,
die die Säue fraßen; und niemand gab sie ihm. 17 Da ging er in sich
und sprach: Wie viele Tagelöhner hat mein Vater, die Brot in Fülle
haben, und ich verderbe hier im Hunger! 18 Ich will mich aufmachen
und zu meinem Vater gehen und zu ihm sagen: Vater, ich habe ge-
sündigt gegen den Himmel und vor dir. 19 Ich bin hinfort nicht mehr
wert, dass ich dein Sohn heiße; mache mich einem deiner Tagelöhner
gleich! 20 Und er machte sich auf und kam zu seinem Vater.

Als er aber noch weit entfernt war, sah ihn sein Vater und es jam-
merte ihn, und er lief und fiel ihm um den Hals und küsste ihn.
21 Der Sohn aber sprach zu ihm: Vater, ich habe gesündigt gegen den
Himmel und vor dir; ich bin hinfort nicht mehr wert, dass ich dein

Sohn heiße. 22 Aber der Vater sprach zu seinen Knechten: Bringt
schnell das beste Gewand her und zieht es ihm an und gebt ihm
einen Ring an seine Hand und Schuhe an seine Füße 23 und bringt
das gemästete Kalb und schlachtet's; lasst uns essen und fröhlich
sein! 24 Denn dieser mein Sohn war tot und ist wieder lebendig ge-
worden; er war verloren und ist gefunden worden. Und sie fingen an,
fröhlich zu sein.

25 Aber der ältere Sohn war auf dem Feld. Und als er nahe zum
Hause kam, hörte er Singen und Tanzen 26 und rief zu sich einen
der Knechte und fragte, was das wäre. 27 Der aber sagte ihm: Dein
Bruder ist gekommen, und dein Vater hat das gemästete Kalb ge-
schlachtet, weil er ihn gesund wiederhat. 28 Da wurde er zornig und
wollte nicht hineingehen. Da ging sein Vater heraus und bat ihn.
29 Er antwortete aber und sprach zu seinem Vater: Siehe, so viele
Jahre diene ich dir und habe dein Gebot nie übertreten, und du hast
mir nie einen Bock gegeben, dass ich mit meinen Freunden fröhlich
wäre. 30 Nun aber, da dieser dein Sohn gekommen ist, der dein Hab
und Gut mit Huren verprasst hat, hast du ihm das gemästete Kalb
geschlachtet. 31 Er aber sprach zu ihm: Mein Sohn, du bist allezeit
bei mir und alles, was mein ist, das ist dein. 32 Du solltest aber fröh-
lich und guten Mutes sein; denn dieser dein Bruder war tot und ist
wieder lebendig geworden, er war verloren und ist wiedergefunden.

Vom großen Festmahl (Lk 14,16-24)

Er aber sprach zu ihm: Es war ein Mensch, der machte ein großes
Abendmahl und lud viele dazu ein. 17 Und er sandte seinen Knecht
aus zur Stunde des Abendmahls, den Geladenen zu sagen: Kommt,
denn es ist schon bereit! 18 Da fingen sie alle an, sich zu entschul-
digen. Der erste sprach zu ihm: Ich habe einen Acker gekauft und
muss hinausgehen und ihn besehen; ich bitte dich, entschuldige

mich. [19] Und ein andrer sprach: Ich habe fünf Joch Ochsen gekauft und ich gehe jetzt hin, sie zu besehen; ich bitte dich, entschuldige mich. [20] Wieder ein andrer sprach: Ich habe eine Frau geheiratet; darum kann ich nicht kommen.

[21] Und der Knecht kam zurück und sagte das seinem Herrn. Da wurde der Hausherr zornig und sprach zu seinem Knecht: Geh schnell hinaus auf die Straßen und Gassen der Stadt und führe die Armen und Verkrüppelten und Blinden und Lahmen herein. [22] Und der Knecht sprach: Herr, es ist geschehen, was du befohlen hast; es ist aber noch Raum da. [23] Und der Herr sprach zu dem Knecht: Geh hinaus auf die Landstraßen und an die Zäune und nötige sie hereinzukommen, dass mein Haus voll werde. [24] Denn ich sage euch: Keiner der Männer, die eingeladen waren, wird mein Abendmahl schmecken.

Jesus heilt und vollbringt Wunder

In den Evangelien sind nicht nur Worte Jesu, sondern auch zahlreiche Wundertaten von ihm überliefert. Was auf uns heute fremd und kaum vorstellbar wirkt, gehörte für die Menschen der Antike zu der Weise, wie sie die Wirklichkeit erlebten. Bei Jesus stehen die Wunder in unmittelbarem Zusammenhang mit seiner Botschaft vom Reich Gottes, das durch ihn zu den Menschen kommt. Denn dieses macht sie an Leib und Seele heil. Beide Aspekte dürfen nicht gegeneinander ausgespielt werden, wie insbesondere an dem im Neuen Testament mehrfach überlieferten Brotwunder deutlich wird. *(Mk 6,30-44)*

Viele Wundergeschichten haben mehrere Ebenen: Es geht nicht nur um das, was unmittelbar wahrnehmbar ist – etwa, dass ein Kranker gesund wird. So zeigt der blinde Bettler Bartimäus in seiner Unbeirrbarkeit einen Glauben, der Ausdruck eines viel tieferen Sehens ist, als es mit den Augen möglich ist. Ihm bleiben weder die Heilung des Augenlichtes noch das Heil seiner Seele versagt. *(Mk 10,46-52)*

In ähnlicher Weise geht es bei der Heilung des Knechtes des »Hauptmanns von Kapernaum« um den Glauben dieses heidnischen (!) Soldaten. Dieser Glaube ist das eigentliche Wunder. Jesus zeigt durch die Heilung, dass Gott seine Hilfe ohne Ansehen der Person gewährt und dabei als sicher erachtete Grenzen überwindet. *(Lk 7,1-10)*

Besonders der Evangelist Johannes hebt die Bedeutung der Wunder Jesu als »Zeichen« hervor: In Jesus ist die Heilszeit angebrochen und durch ihn wird die endgültige Zuwendung Gottes zu den Menschen Wirklichkeit. Das erste dieser Zeichen ist die wunderbare Verwandlung von Wasser in Wein bei einer Hochzeitsfeier. *(Joh 2,1-12)*

An das Ende des ersten Teils seines Evangeliums stellt Johannes ein besonders aufsehenerregendes Wunder, das auf Jesu Tod und seine Auferstehung vorausweist: die Auferweckung des Lazarus. Zugleich wird hier noch einmal besonders deutlich, worum es bei Jesu Wundern letztlich geht: Sie zielen darauf, das Vertrauen des Menschen in die lebensschaffende Kraft Gottes, die keine Grenzen kennt, zu wecken und zu stärken. Sie zielen auf den Glauben. *(Joh 11,1-45)*

Die Speisung der Fünftausend (Mk 6,30-44)

Und die Apostel kamen bei Jesus zusammen und verkündeten ihm
alles, was sie getan und gelehrt hatten. 31 Und er sprach zu ihnen:
Geht ihr allein an eine einsame Stätte und ruht ein wenig. Denn es
waren viele, die kamen und gingen, und sie hatten nicht Zeit genug
zum Essen. 32 Und sie fuhren in einem Boot an eine einsame Stätte
für sich allein. 33 Und man sah sie wegfahren, und viele hörten es
und liefen aus allen Städten zu Fuß dorthin zusammen und kamen
ihnen zuvor. 34 Und Jesus stieg aus und sah die große Menge; und sie
jammerten ihn, denn sie waren wie Schafe, die keinen Hirten haben.
Und er fing eine lange Predigt an.

35 Da nun der Tag fast vergangen war, traten seine Jünger zu ihm
und sprachen: Die Stätte ist einsam, und der Tag ist fast vergangen;
36 lass sie gehen, damit sie in die Höfe und Dörfer ringsum gehen
und sich etwas zu essen kaufen. 37 Er aber antwortete und sprach
zu ihnen: Gebt ihr ihnen zu essen! Und sie sprachen zu ihm: Sollen
wir denn hingehen und für zweihundert Silbergroschen Brot kau-
fen und ihnen zu essen geben? 38 Er aber sprach zu ihnen: Wie viele
Brote habt ihr? Geht hin und seht nach! Und als sie es erkundet hat-
ten, sprachen sie: Fünf, und zwei Fische. 39 Und er gebot ihnen, dass
sich alle lagerten, tischweise, auf das grüne Gras. 40 Und sie setzten
sich, in Gruppen zu hundert und zu fünfzig.

41 Und er nahm die fünf Brote und zwei Fische und sah auf zum
Himmel, dankte und brach die Brote und gab sie den Jüngern, dass
sie sie ihnen austeilten, und die zwei Fische teilte er unter sie alle.
42 Und sie aßen alle und wurden satt. 43 Und sie sammelten die Bro-
cken auf, zwölf Körbe voll, und von den Fischen. 44 Und die die Brote
gegessen hatten, waren fünftausend Männer.

Der blinde Bartimäus (Mk 10,46-52)

Und sie kamen nach Jericho. Und als er aus Jericho hinausging, er
und seine Jünger und eine große Menge, da saß ein blinder Bettler
am Wege, Bartimäus, der Sohn des Timäus. 47 Und als er hörte, dass
es Jesus von Nazareth war, fing er an zu schreien und zu sagen: Jesus,
du Sohn Davids, erbarme dich meiner! 48 Und viele fuhren ihn an,
er sollte schweigen. Er aber schrie noch viel mehr: Du Sohn Davids,
erbarme dich meiner! 49 Und Jesus blieb stehen und sprach: Ruft ihn
her! Und sie riefen den Blinden und sprachen zu ihm: Sei getrost,
steh auf! Er ruft dich! 50 Da warf er seinen Mantel von sich, sprang
auf und kam zu Jesus. 51 Und Jesus antwortete ihm und sprach: Was
willst du, dass ich für dich tun soll? Der Blinde sprach zu ihm: Rab-
buni, dass ich sehend werde. 52 Und Jesus sprach zu ihm: Geh hin,

dein Glaube hat dir geholfen. Und sogleich wurde er sehend und folgte ihm nach auf dem Wege.

Der Hauptmann von Kapernaum (Lk 7,1-10)

Nachdem Jesus seine Rede vor dem Volk vollendet hatte, ging er nach Kapernaum. 2 Ein Hauptmann aber hatte einen Knecht, der ihm lieb und wert war; der lag todkrank. 3 Da er aber von Jesus hörte, sandte er Älteste der Juden zu ihm und bat ihn, zu kommen und seinen Knecht gesund zu machen. 4 Als sie aber zu Jesus kamen, baten sie ihn inständig und sprachen: Er ist es wert, dass du ihm dies erfüllst; 5 denn er hat unser Volk lieb, und die Synagoge hat er uns erbaut.

6 Da ging Jesus mit ihnen. Als er aber nicht mehr fern von dem Haus war, sandte der Hauptmann Freunde zu ihm und ließ ihm sagen: Ach, Herr, bemühe dich nicht; ich bin nicht wert, dass du unter mein Dach gehst; 7 darum habe ich auch mich selbst nicht für würdig geachtet, zu dir zu kommen; sondern sprich ein Wort, so wird mein Knecht gesund. 8 Denn auch ich bin ein Mensch, der einer Obrigkeit untersteht, und habe Soldaten unter mir; und wenn ich zu einem sage: Geh hin!, so geht er hin; und zu einem andern: Komm her!, so kommt er; und zu meinem Knecht: Tu das!, so tut er's.

9 Da Jesus das hörte, wunderte er sich über ihn und wandte sich um und sprach zu dem Volk, das ihm nachfolgte: Ich sage euch: Solchen Glauben habe ich auch in Israel nicht gefunden. 10 Und als die Boten wieder nach Hause kamen, fanden sie den Knecht gesund.

Die Hochzeit zu Kana (Joh 2,1-12)

Und am dritten Tage war eine Hochzeit zu Kana in Galiläa, und die Mutter Jesu war da. 2 Jesus aber und seine Jünger waren auch zur Hochzeit geladen.

[3] Und als der Wein ausging, spricht die Mutter Jesu zu ihm: Sie haben keinen Wein mehr. [4] Jesus spricht zu ihr: Was habe ich mit dir zu schaffen, Frau? Meine Stunde ist noch nicht gekommen. [5] Seine Mutter spricht zu den Dienern: Was er euch sagt, das tut. [6] Es standen aber dort sechs steinerne Wasserkrüge für die Reinigung nach jüdischer Sitte, und in jeden gingen zwei oder drei Maß.

[7] Jesus spricht zu ihnen: Füllt die Wasserkrüge mit Wasser! Und sie füllten sie bis obenan. [8] Und er spricht zu ihnen: Schöpft nun und bringt's dem Speisemeister! Und sie brachten's ihm. [9] Als aber der Speisemeister den Wein kostete, der Wasser gewesen war, und nicht wusste, woher er kam – die Diener aber wussten's, die das Wasser geschöpft hatten –, ruft der Speisemeister den Bräutigam [10] und spricht zu ihm: Jedermann gibt zuerst den guten Wein und, wenn sie trunken sind, den geringeren; du aber hast den guten Wein bis jetzt zurückgehalten. [11] Das ist das erste Zeichen, das Jesus tat. Es geschah zu Kana in Galiläa, und er offenbarte seine Herrlichkeit. Und seine Jünger glaubten an ihn.

[12] Danach zog er hinab nach Kapernaum, er, seine Mutter, seine Brüder und seine Jünger, und sie blieben nur wenige Tage dort.

Die Auferweckung des Lazarus (Joh 11,1-45)

Es lag aber einer krank, Lazarus aus Betanien, dem Dorf Marias und ihrer Schwester Marta. [2] Maria aber war es, die den Herrn mit Salböl gesalbt und seine Füße mit ihrem Haar getrocknet hatte. Deren Bruder Lazarus war krank. [3] Da sandten die Schwestern zu Jesus und ließen ihm sagen: Herr, siehe, der, den du lieb hast, liegt krank. [4] Als Jesus das hörte, sprach er: Diese Krankheit ist nicht zum Tode, sondern zur Verherrlichung Gottes, dass der Sohn Gottes dadurch verherrlicht werde. [5] Jesus aber hatte Marta lieb und ihre Schwester und Lazarus.

6 Als er nun hörte, dass er krank war, blieb er noch zwei Tage an
dem Ort, wo er war. 7 Danach spricht er zu den Jüngern: Lasst uns
wieder nach Judäa ziehen! 8 Die Jünger aber sprachen zu ihm: Rabbi,
eben noch wollten die Juden dich steinigen, und du willst wieder
dorthin ziehen? 9 Jesus antwortete: Hat nicht der Tag zwölf Stun-
den? Wer bei Tage umhergeht, der stößt sich nicht; denn er sieht das
Licht dieser Welt. 10 Wer aber bei Nacht umhergeht, der stößt sich;
denn es ist kein Licht in ihm.

11 Das sagte er, und danach spricht er zu ihnen: Lazarus, unser
Freund, schläft, aber ich gehe hin, dass ich ihn aufwecke. 12 Da spra-
chen die Jünger zu ihm: Herr, wenn er schläft, wird's besser mit ihm.
13 Jesus aber sprach von seinem Tode; sie meinten aber, er rede von
der Ruhe des Schlafs. 14 Da sagte ihnen Jesus frei heraus: Lazarus
ist gestorben; 15 und ich bin froh um euretwillen, dass ich nicht da
gewesen bin, auf dass ihr glaubt. Aber lasst uns zu ihm gehen! 16 Da
sprach Thomas, der Zwilling genannt wird, zu den andern Jüngern:
Lasst uns mit ihm gehen, dass wir mit ihm sterben!

17 Da kam Jesus und fand Lazarus schon vier Tage im Grabe liegen.
18 Betanien aber war nahe bei Jerusalem, etwa fünfzehn Stadien ent-
fernt. 19 Viele Juden aber waren zu Marta und Maria gekommen, sie
zu trösten wegen ihres Bruders.

20 Als Marta nun hörte, dass Jesus kommt, ging sie ihm entgegen;
Maria aber blieb im Haus sitzen. 21 Da sprach Marta zu Jesus: Herr,
wärst du hier gewesen, mein Bruder wäre nicht gestorben. 22 Aber
auch jetzt weiß ich: Was du bittest von Gott, das wird dir Gott ge-
ben. 23 Jesus spricht zu ihr: Dein Bruder wird auferstehen. 24 Marta
spricht zu ihm: Ich weiß, dass er auferstehen wird bei der Aufer-
stehung am Jüngsten Tage. 25 Jesus spricht zu ihr: Ich bin die Auf-
erstehung und das Leben. Wer an mich glaubt, der wird leben, ob
er gleich stürbe; 26 und wer da lebt und glaubt an mich, der wird

nimmermehr sterben. Glaubst du das? 27 Sie spricht zu ihm: Ja, Herr,
ich glaube, dass du der Christus bist, der Sohn Gottes, der in die
Welt kommt.

28 Und als sie das gesagt hatte, ging sie hin und rief ihre Schwester
Maria und sprach heimlich zu ihr: Der Meister ist da und ruft dich.
29 Als Maria das hörte, stand sie eilends auf und kam zu ihm. 30 Jesus
aber war noch nicht in das Dorf gekommen, sondern war noch dort,
wo ihm Marta begegnet war. 31 Als die Juden, die bei ihr im Hause
waren und sie trösteten, sahen, dass Maria eilends aufstand und hi-
nausging, folgten sie ihr, weil sie dachten: Sie geht zum Grab, um
dort zu weinen.

32 Als nun Maria dahin kam, wo Jesus war, und sah ihn, fiel sie ihm
zu Füßen und sprach zu ihm: Herr, wärst du hier gewesen, mein
Bruder wäre nicht gestorben. 33 Als Jesus sah, wie sie weinte und wie
auch die Juden weinten, die mit ihr kamen, ergrimmte er im Geist
und erbebte 34 und sprach: Wo habt ihr ihn hingelegt? Sie sprachen
zu ihm: Herr, komm und sieh! 35 Und Jesus gingen die Augen über.
36 Da sprachen die Juden: Siehe, wie hat er ihn so lieb gehabt! 37 Ei-
nige aber unter ihnen sprachen: Er hat dem Blinden die Augen aufge-
tan; konnte er nicht auch machen, dass dieser nicht sterben musste?
38 Da ergrimmte Jesus abermals und kommt zum Grab. Es war aber
eine Höhle, und ein Stein lag davor. 39 Jesus spricht: Hebt den Stein
weg! Spricht zu ihm Marta, die Schwester des Verstorbenen: Herr,
er stinkt schon; denn er liegt seit vier Tagen. 40 Jesus spricht zu ihr:
Habe ich dir nicht gesagt: Wenn du glaubst, wirst du die Herrlichkeit
Gottes sehen? 41 Da hoben sie den Stein weg.

Jesus aber hob seine Augen auf und sprach: Vater, ich danke dir,
dass du mich erhört hast. 42 Ich wusste, dass du mich allezeit hörst;
aber um des Volkes willen, das umhersteht, sagte ich's, damit sie
glauben, dass du mich gesandt hast. 43 Als er das gesagt hatte, rief

er mit lauter Stimme: Lazarus, komm heraus! [44] Und der Verstorbene kam heraus, gebunden mit Grabtüchern an Füßen und Händen, und sein Gesicht war verhüllt mit einem Schweißtuch. Jesus spricht zu ihnen: Löst die Binden und lasst ihn gehen! [45] Viele nun von den Juden, die zu Maria gekommen waren und sahen, was Jesus tat, glaubten an ihn.

Jesus begegnet Menschen

Jesus zieht von Ort zu Ort und begegnet dabei ganz unterschiedlichen Menschen. Einmal trägt ein Gelehrter die uralte Frage an Jesus heran, wie der Mensch zum ewigen Leben gelange. Es entspinnt sich ein Wortwechsel, bei dem Jesus schließlich eine Geschichte erzählt, die zu einer der bekanntesten Bibelgeschichten überhaupt werden sollte: die vom barmherzigen Samariter. *(Lk 10,25-37)*

Obwohl Jesus dem Gespräch mit Gelehrten keineswegs aus dem Weg geht, wendet er sich vor allem den Menschen am Rande der Gesellschaft zu. So spricht er auch Zachäus an, einen Zolleinnehmer im Dienst der Römer, also der heidnischen Besatzungsmacht. Er war bei seinen jüdischen Landsleuten denkbar unbeliebt. *(Lk 19,1-10)*

Bei anderer Gelegenheit wird Jesus mit der Frage konfrontiert, wie mit einer Frau, die Ehebruch begangen hatte, verfahren werden solle. Nach dem Alten Testament steht auf Ehebruch die Todesstrafe (eigentlich für beide Beteiligten, doch der Mann tritt hier nicht in Erscheinung). Durch seine Antwort entwaffnet Jesus die so selbstsicher auftretenden Frommen, die die Frau zu ihm gebracht haben. Er bagatellisiert den Ehebruch nicht, doch mehr als an Strafe liegt ihm an Umkehr und Neuanfang, und zwar gerade auch bei denen, die sich für gerecht halten. *(Joh 8,2-11)*

Der barmherzige Samariter (Lk 10,25-37)

Und siehe, da stand ein Gesetzeslehrer auf, versuchte ihn und
sprach: Meister, was muss ich tun, dass ich das ewige Leben ererbe?
26 Er aber sprach zu ihm: Was steht im Gesetz geschrieben? Was
liest du? 27 Er antwortete und sprach: »Du sollst den Herrn, deinen
Gott, lieben von ganzem Herzen, von ganzer Seele und mit all dei-
ner Kraft und deinem ganzen Gemüt und deinen Nächsten wie dich
selbst« 28 Er aber sprach zu ihm: Du hast recht geantwortet; tu das,
so wirst du leben.

29 Er aber wollte sich selbst rechtfertigen und sprach zu Jesus: Wer
ist denn mein Nächster? 30 Da antwortete Jesus und sprach: Es war
ein Mensch, der ging von Jerusalem hinab nach Jericho und fiel un-
ter die Räuber; die zogen ihn aus und schlugen ihn und machten
sich davon und ließen ihn halb tot liegen.

31 Es traf sich aber, dass ein Priester dieselbe Straße hinabzog; und
als er ihn sah, ging er vorüber. 32 Desgleichen auch ein Levit: Als er
zu der Stelle kam und ihn sah, ging er vorüber. 33 Ein Samariter aber,
der auf der Reise war, kam dahin; und als er ihn sah, jammerte es
ihn; 34 und er ging zu ihm, goss Öl und Wein auf seine Wunden
und verband sie ihm, hob ihn auf sein Tier und brachte ihn in eine
Herberge und pflegte ihn. 35 Am nächsten Tag zog er zwei Silber-
groschen heraus, gab sie dem Wirt und sprach: Pflege ihn; und wenn
du mehr ausgibst, will ich dir's bezahlen, wenn ich wiederkomme.

36 Wer von diesen dreien, meinst du, ist der Nächste geworden
dem, der unter die Räuber gefallen war? 37 Er sprach: Der die Barm-
herzigkeit an ihm tat. Da sprach Jesus zu ihm: So geh hin und tu
desgleichen!

Jesus und Zachäus (Lk 19,1-10)

Und er ging nach Jericho hinein und zog hindurch. 2 Und siehe, da war ein Mann mit Namen Zachäus, der war ein Oberer der Zöllner und war reich. 3 Und er begehrte, Jesus zu sehen, wer er wäre, und konnte es nicht wegen der Menge; denn er war klein von Gestalt. 4 Und er lief voraus und stieg auf einen Maulbeerfeigenbaum, um ihn zu sehen; denn dort sollte er durchkommen. 5 Und als Jesus an die Stelle kam, sah er auf und sprach zu ihm: Zachäus, steig eilend herunter; denn ich muss heute in deinem Haus einkehren. 6 Und er stieg eilend herunter und nahm ihn auf mit Freuden.

7 Da sie das sahen, murrten sie alle und sprachen: Bei einem Sünder ist er eingekehrt. 8 Zachäus aber trat herzu und sprach zu dem Herrn: Siehe, Herr, die Hälfte von meinem Besitz gebe ich den Armen, und wenn ich jemanden betrogen habe, so gebe ich es vierfach zurück. 9 Jesus aber sprach zu ihm: Heute ist diesem Hause Heil widerfahren, denn auch er ist ein Sohn Abrahams. 10 Denn der Menschensohn ist gekommen, zu suchen und selig zu machen, was verloren ist.

Jesus und die Ehebrecherin (Joh 8,2-11)

Frühmorgens aber kam Jesus wieder in den Tempel, und alles Volk kam zu ihm, und er setzte sich und lehrte sie. 3 Da brachten die Schriftgelehrten und die Pharisäer eine Frau, beim Ehebruch ergriffen, und stellten sie in die Mitte 4 und sprachen zu ihm: Meister, diese Frau ist auf frischer Tat beim Ehebruch ergriffen worden. 5 Mose hat uns im Gesetz geboten, solche Frauen zu steinigen. Was sagst du? 6 Das sagten sie aber, um ihn zu versuchen, auf dass sie etwas hätten, ihn zu verklagen. Aber Jesus bückte sich nieder und schrieb mit dem Finger auf die Erde. 7 Als sie ihn nun beharrlich so fragten, richtete er sich auf und sprach zu ihnen: Wer unter euch

ohne Sünde ist, der werfe den ersten Stein auf sie. [8] Und er bückte
sich wieder und schrieb auf die Erde. [9] Als sie das hörten, gingen sie
hinaus, einer nach dem andern, die Ältesten zuerst; und Jesus blieb
allein mit der Frau, die in der Mitte stand.

[10] Da richtete Jesus sich auf und sprach zu ihr: Wo sind sie, Frau?
Hat dich niemand verdammt? [11] Sie aber sprach: Niemand, Herr.
Jesus aber sprach: So verdamme ich dich auch nicht; geh hin und
sündige hinfort nicht mehr.

Passion – Jesus stirbt

Die Evangelien schildern Jesus als ganz und gar von Gott erfüllt. In ihm wird Gottes Liebe und Zuwendung zu den Menschen in Wort und Tat offenbar. Gleichzeitig ist Jesus als Mensch sterblich. Insbesondere das Markusevangelium ist stark von Jesu Tod am Kreuz bestimmt – so sehr, dass man es als »Passionsgeschichte mit ausführlicher Einleitung« (Martin Kähler) bezeichnet hat. Kurz vor seiner Verhaftung feiert Jesus mit seinen Jüngern in Jerusalem das Passafest, das an die Befreiung des Volkes Israel aus Ägypten erinnert. Nach dem Essen zieht sich Jesus zum Gebet in den nahegelegenen Garten Gethsemane zurück: Er ist kein Übermensch, sondern ringt angesichts seines bevorstehenden Todes mit Gott. *(Mk 14,12-42)*

Widerstandslos lässt Jesus sich festnehmen und führt so die Gewalt derer ad absurdum, die ihn verfolgen. Noch in der gleichen Nacht wird ihm kurzer Prozess gemacht: Zunächst verurteilt ihn der Hohe Rat, die oberste Behörde des Judentums. Da dieser unter römischer Besatzung aber nur eine begrenzte weltliche Vollmacht hat, bedarf es noch der Verurteilung durch den römischen Statthalter Pontius Pilatus. Letztlich ist es also der Römer, der für Jesu Tod die Verantwortung trägt. *(Mk 14,43–15,20a)*

So stirbt Jesus schließlich den schrecklichen Tod am Kreuz, von seinen Jüngern verleugnet, von seinen Gegnern verspottet. Was dort geschieht, ist kaum zu fassen: Sogar von Gott sieht Jesus sich verlassen – er, der doch Gottes Sohn ist. Dies zu erkennen, kommt ausgerechnet einem römischen Hauptmann zu, einem Heiden. Von ferne schauen auch einige Frauen dem Geschehen zu und nehmen an Jesu Tod Anteil, anders als die Männer unter den Jüngern, die davongelaufen sind. *(Mk 15,20b-47)*

Jesus feiert das Abendmahl und betet in Gethsemane (Mk 14,12-42)

Und am ersten Tage der Ungesäuerten Brote, da man das Passa-
lamm opferte, sprachen seine Jünger zu ihm: Wo willst du, dass wir
hingehen und das Passalamm bereiten, damit du es essen kannst?
13 Und er sandte zwei seiner Jünger und sprach zu ihnen: Geht hin
in die Stadt, und es wird euch ein Mensch begegnen, der trägt einen
Krug mit Wasser; folgt ihm, 14 und wo er hineingeht, da sprecht zu
dem Hausherrn: Der Meister lässt dir sagen: Wo ist die Herberge
für mich, in der ich das Passalamm essen kann mit meinen Jüngern?
15 Und er wird euch einen großen Saal zeigen, der schön ausgelegt
und vorbereitet ist; und dort richtet für uns zu. 16 Und die Jünger
gingen hin und kamen in die Stadt und fanden's, wie er ihnen gesagt
hatte, und bereiteten das Passalamm.

17 Und am Abend kam er mit den Zwölfen. 18 Und als sie bei Tisch
waren und aßen, sprach Jesus: Wahrlich, ich sage euch: Einer unter
euch, der mit mir isst, wird mich verraten. 19 Da wurden sie trau-
rig und sagten zu ihm, einer nach dem andern: Bin ich's? 20 Er aber
sprach zu ihnen: Einer von den Zwölfen, der mit mir seinen Bis-
sen in die Schüssel taucht. 21 Der Menschensohn geht zwar hin, wie
von ihm geschrieben steht; weh aber dem Menschen, durch den der

Menschensohn verraten wird! Es wäre für diesen Menschen besser,
wenn er nie geboren wäre.

22 Und als sie aßen, nahm er das Brot, dankte und brach's und gab's
ihnen und sprach: Nehmet; das ist mein Leib. 23 Und er nahm den
Kelch, dankte und gab ihnen den; und sie tranken alle daraus. 24 Und
er sprach zu ihnen: Das ist mein Blut des Bundes, das für viele ver-
gossen wird. 25 Wahrlich, ich sage euch, dass ich nicht mehr trinken
werde vom Gewächs des Weinstocks bis an den Tag, an dem ich aufs
Neue davon trinke im Reich Gottes.

26 Und als sie den Lobgesang gesungen hatten, gingen sie hinaus an
den Ölberg. 27 Und Jesus sprach zu ihnen: Ihr werdet alle Ärgernis
nehmen; denn es steht geschrieben: »Ich werde den Hirten schlagen,
und die Schafe werden sich zerstreuen.« 28 Wenn ich aber auferstan-
den bin, will ich vor euch hingehen nach Galiläa.

29 Petrus aber sagte zu ihm: Wenn auch alle Ärgernis nehmen, so
doch ich nicht! 30 Und Jesus sprach zu ihm: Wahrlich, ich sage dir:
Heute, in dieser Nacht, ehe denn der Hahn zweimal kräht, wirst du
mich dreimal verleugnen. 31 Er aber redete noch weiter: Auch wenn
ich mit dir sterben müsste, werde ich dich nicht verleugnen! Das
Gleiche sagten sie alle.

32 Und sie kamen zu einem Garten mit Namen Gethsemane. Und
er sprach zu seinen Jüngern: Setzt euch hierher, bis ich gebetet habe.
33 Und er nahm mit sich Petrus und Jakobus und Johannes und fing
an zu zittern und zu zagen 34 und sprach zu ihnen: Meine Seele ist
betrübt bis an den Tod; bleibt hier und wachet!

35 Und er ging ein wenig weiter, fiel nieder auf die Erde und be-
tete, dass, wenn es möglich wäre, die Stunde an ihm vorüberginge,
36 und sprach: Abba, Vater, alles ist dir möglich; nimm diesen
Kelch von mir; doch nicht, was ich will, sondern was du willst!
37 Und er kam und fand sie schlafend und sprach zu Petrus: Si-

mon, schläfst du? Vermochtest du nicht *eine* Stunde zu wachen?
38 Wachet und betet, dass ihr nicht in Versuchung fallt! Der Geist
ist willig; aber das Fleisch ist schwach.

39 Und er ging wieder hin und betete und sprach dieselben Worte
40 und kam wieder und fand sie schlafend; denn ihre Augen wa-
ren voller Schlaf, und sie wussten nicht, was sie ihm antworten
sollten. 41 Und er kam zum dritten Mal und sprach zu ihnen: Ach,
wollt ihr weiter schlafen und ruhen? Es ist genug; die Stunde ist
gekommen. Siehe, der Menschensohn wird überantwortet in die
Hände der Sünder. 42 Steht auf, lasst uns gehen! Siehe, der mich
verrät, ist nahe.

Jesus wird verhaftet und verurteilt (Mk 14,43–15,20a)

Und alsbald, während er noch redete, kam herzu Judas, einer von
den Zwölfen, und mit ihm eine Schar mit Schwertern und mit Stan-
gen, von den Hohenpriestern und Schriftgelehrten und Ältesten.
44 Und der Verräter hatte ihnen ein Zeichen genannt und gesagt:
Welchen ich küssen werde, der ist's; den ergreift und führt ihn sicher
ab. 45 Und als er kam, trat er alsbald zu ihm und sprach: Rabbi!, und
küsste ihn. 46 Die aber legten Hand an ihn und ergriffen ihn. 47 Einer
aber von denen, die dabeistanden, zog sein Schwert und schlug nach
dem Knecht des Hohenpriesters und hieb ihm ein Ohr ab.

48 Und Jesus antwortete und sprach zu ihnen: Seid ihr ausgezogen
wie gegen einen Räuber mit Schwertern und mit Stangen, mich ge-
fangen zu nehmen? 49 Ich bin täglich bei euch im Tempel gewesen
und habe gelehrt, und ihr habt mich nicht ergriffen. Aber so muss
die Schrift erfüllt werden. 50 Da verließen ihn alle und flohen.

51 Und ein junger Mann folgte ihm nach, der war mit einem Lei-
nengewand bekleidet auf der bloßen Haut; und sie griffen nach ihm.
52 Er aber ließ das Gewand fahren und floh nackt.

53 Und sie führten Jesus zu dem Hohenpriester; und es versammel-
ten sich alle Hohenpriester und Ältesten und Schriftgelehrten. 54 Pe-
trus aber folgte ihm nach von ferne, bis hinein in den Palast des Ho-
henpriesters, und saß da bei den Knechten und wärmte sich am Feuer.

55 Aber die Hohenpriester und der ganze Hohe Rat suchten Zeug-
nis gegen Jesus, auf dass sie ihn zu Tode brächten, und fanden nichts.
56 Denn viele gaben falsches Zeugnis gegen ihn; aber ihr Zeugnis
stimmte nicht überein. 57 Und einige standen auf und gaben falsches
Zeugnis gegen ihn und sprachen: 58 Wir haben gehört, dass er gesagt
hat: Ich will diesen Tempel, der mit Händen gemacht ist, abbrechen
und in drei Tagen einen andern bauen, der nicht mit Händen ge-
macht ist. 59 Aber ihr Zeugnis stimmte auch darin nicht überein.
60 Und der Hohepriester stand auf, trat in die Mitte und fragte Jesus
und sprach: Antwortest du nichts auf das, was diese gegen dich be-
zeugen? 61 Er aber schwieg still und antwortete nichts. Da fragte ihn
der Hohepriester abermals und sprach zu ihm: Bist du der Christus,
der Sohn des Hochgelobten? 62 Jesus aber sprach: Ich bin's; und ihr
werdet sehen den Menschensohn sitzen zur Rechten der Kraft und
kommen mit den Wolken des Himmels.

63 Da zerriss der Hohepriester seine Kleider und sprach: Was bedür-
fen wir weiterer Zeugen? 64 Ihr habt die Gotteslästerung gehört. Was
meint ihr? Sie aber verurteilten ihn alle, dass er des Todes schuldig sei.
65 Da fingen einige an, ihn anzuspeien und sein Angesicht zu verde-
cken und ihn mit Fäusten zu schlagen und zu ihm zu sagen: Weissage
uns! Und die Knechte schlugen ihn ins Angesicht.

66 Und Petrus war unten im Hof. Da kam eine von den Mägden des
Hohenpriesters; 67 und als sie Petrus sah, wie er sich wärmte, schaute
sie ihn an und sprach: Und du warst auch mit dem Jesus von Naza-
reth. 68 Er leugnete aber und sprach: Ich weiß nicht und verstehe nicht,
was du sagst. Und er ging hinaus in den Vorhof, und der Hahn krähte.

69 Und die Magd sah ihn und fing abermals an, denen zu sagen, die
dabeistanden: Dieser ist einer von denen. 70 Und er leugnete abermals.
Und nach einer kleinen Weile sprachen die, die dabeistanden,
abermals zu Petrus: Wahrhaftig, du bist einer von denen; denn du
bist auch ein Galiläer. 71 Er aber fing an, sich zu verfluchen und zu
schwören: Ich kenne den Menschen nicht, von dem ihr redet. 72 Und
alsbald krähte der Hahn zum zweiten Mal. Da gedachte Petrus an
das Wort, das Jesus zu ihm gesagt hatte: Ehe der Hahn zweimal
kräht, wirst du mich dreimal verleugnen. Und er fing an zu weinen.

15 Und alsbald am Morgen hielten die Hohenpriester Rat mit den
Ältesten und Schriftgelehrten, dazu der ganze Hohe Rat, und sie
banden Jesus und führten ihn ab und überantworteten ihn Pilatus.
2 Und Pilatus fragte ihn: Bist du der König der Juden? Er aber ant-
wortete ihm und sprach: Du sagst es. 3 Und die Hohenpriester be-
schuldigten ihn hart. 4 Pilatus aber fragte ihn abermals und sprach:
Antwortest du nichts? Siehe, wie hart sie dich verklagen! 5 Jesus aber
antwortete nichts mehr, sodass sich Pilatus verwunderte.

6 Er pflegte ihnen aber zum Fest einen Gefangenen loszugeben,
welchen sie erbaten. 7 Es war aber einer, genannt Barabbas, gefan-
gen mit den Aufrührern, die beim Aufruhr einen Mord begangen
hatten. 8 Und das Volk ging hinauf und bat, dass er tue, wie er ihnen
zu tun pflegte. 9 Pilatus aber antwortete ihnen: Wollt ihr, dass ich
euch den König der Juden losgebe? 10 Denn er erkannte, dass ihn die
Hohenpriester aus Neid überantwortet hatten.

11 Aber die Hohenpriester wiegelten das Volk auf, dass er ihnen
viel lieber den Barabbas losgebe. 12 Pilatus aber antwortete wiederum
und sprach zu ihnen: Was wollt ihr dann, dass ich tue mit dem, den
ihr den König der Juden nennt? 13 Sie schrien abermals: Kreuzige
ihn! 14 Pilatus aber sprach zu ihnen: Was hat er denn Böses getan?
Aber sie schrien noch viel mehr: Kreuzige ihn! 15 Pilatus aber wollte

dem Volk Genüge tun und gab ihnen Barabbas los und ließ Jesus geißeln und überantwortete ihn, dass er gekreuzigt würde.

[16] Die Soldaten aber führten ihn hinein in den Palast, das ist ins Prätorium, und riefen die ganze Kohorte zusammen [17] und zogen ihm einen Purpurmantel an und flochten eine Dornenkrone und setzten sie ihm auf [18] und fingen an, ihn zu grüßen: Gegrüßet seist du, der Juden König! [19] Und sie schlugen ihn mit einem Rohr auf das Haupt und spien ihn an und fielen auf die Knie und huldigten ihm. [20] Und als sie ihn verspottet hatten, zogen sie ihm den Purpurmantel aus und zogen ihm seine Kleider an.

Jesus wird gekreuzigt und begraben (Mk 15,20b-47)

Und sie führten ihn hinaus, dass sie ihn kreuzigten. [21] Und zwangen einen, der vorüberging, Simon von Kyrene, der vom Feld kam, den Vater des Alexander und des Rufus, dass er ihm das Kreuz trage. [22] Und sie brachten ihn zu der Stätte Golgatha, das heißt übersetzt: Schädelstätte. [23] Und sie gaben ihm Myrrhe im Wein zu trinken; aber er nahm's nicht.

[24] Und sie kreuzigten ihn. Und sie teilten seine Kleider und warfen das Los darum, wer was bekommen sollte. [25] Und es war die dritte Stunde, als sie ihn kreuzigten. [26] Und es stand geschrieben, welche Schuld man ihm gab, nämlich: Der König der Juden. [27] Und sie kreuzigten mit ihm zwei Räuber, einen zu seiner Rechten und einen zu seiner Linken.

[29] Und die vorübergingen, lästerten ihn und schüttelten ihre Köpfe und sprachen: Ha, der du den Tempel abbrichst und baust ihn auf in drei Tagen, [30] hilf dir nun selber und steig herab vom Kreuz! [31] Desgleichen verspotteten ihn auch die Hohenpriester untereinander samt den Schriftgelehrten und sprachen: Er hat andern geholfen und kann sich selber nicht helfen. [32] Der Christus, der König von

Israel, er steige nun vom Kreuz, damit wir sehen und glauben. Und die mit ihm gekreuzigt waren, schmähten ihn auch.

33 Und zur sechsten Stunde kam eine Finsternis über das ganze Land bis zur neunten Stunde. 34 Und zu der neunten Stunde rief Jesus laut: Eli, Eli, lama asabtani? Das heißt übersetzt: Mein Gott, mein Gott, warum hast du mich verlassen?

35 Und einige, die dabeistanden, als sie das hörten, sprachen sie: Siehe, er ruft den Elia. 36 Da lief einer und füllte einen Schwamm mit Essig, steckte ihn auf ein Rohr, gab ihm zu trinken und sprach: Halt, lasst uns sehen, ob Elia komme und ihn herabnehme!

37 Aber Jesus schrie laut und verschied.

38 Und der Vorhang im Tempel zerriss in zwei Stücke von oben an bis unten aus. 39 Der Hauptmann aber, der dabeistand, ihm gegenüber, und sah, dass er so verschied, sprach: Wahrlich, dieser Mensch ist Gottes Sohn gewesen!

40 Und es waren auch Frauen da, die von ferne zuschauten, unter ihnen Maria Magdalena und Maria, die Mutter Jakobus des Kleinen und des Joses, und Salome, 41 die ihm nachgefolgt waren, als er in Galiläa war, und ihm gedient hatten, und viele andere Frauen, die mit ihm hinauf nach Jerusalem gegangen waren.

42 Und als es schon Abend wurde und weil Rüsttag war, das ist der Tag vor dem Sabbat, 43 kam Josef von Arimathäa, ein angesehener Ratsherr, der auch auf das Reich Gottes wartete; der wagte es und ging hinein zu Pilatus und bat um den Leichnam Jesu. 44 Pilatus aber wunderte sich, dass er schon tot war, und rief den Hauptmann und fragte ihn, ob er schon länger gestorben wäre. 45 Und als er's erkundet hatte von dem Hauptmann, überließ er Josef den Leichnam. 46 Und der kaufte ein Leinentuch und nahm ihn ab vom Kreuz und wickelte ihn in das Tuch und legte ihn in ein Grab, das war in einen Felsen gehauen, und wälzte einen Stein vor des Grabes Tür. 47 Aber Maria Magdalena und Maria, die Mutter des Joses, sahen, wo er hingelegt war.

Ostern – Jesus lebt

»Der Herr ist auferstanden« – diese Worte wurden zum Grundbekenntnis der Christenheit. Bis heute vermitteln sie die Hoffnung, dass Gewalt, Ungerechtigkeit und Tod am Ende nicht die Oberhand behalten. Die Evangelien bezeugen die Auferstehung zum einen durch Berichte, das Grab sei am dritten Tag nach der Kreuzigung leer gewesen, und zum anderen durch Erzählungen von Erscheinungen des Auferstanden. Und immer sind es jene Frauen, die Jesus am Karfreitag die Treue gehalten haben, denen der Auferstandene am Ostersonntag zuerst erscheint. Erst später, in Galiläa, begegnen ihm dann auch die männlichen Jünger und werden von ihm beauftragt, das Evangelium in die Welt zu tragen. *(Mt 28)*

Der Evangelist Johannes weiß nur von *einer* Frau am Grab zu erzählen: Maria Magdalena. Zunächst erkennt sie den Auferstandenen nicht; erst seine persönliche Zuwendung und Anrede öffnen ihr die Augen. Zugleich bleibt Jesus ihr gegenüber merkwürdig distanziert. Auferstehung – so soll wohl deutlich werden – ist nicht Rückkehr in altvertraute Verhältnisse und Bindungen, sondern Aufbruch und Durchbruch in eine neue Dimension des Lebens mit Gott. Wie bei den anderen Evangelisten begegnet Jesus den männlichen Jüngern erst später. Thomas kann zunächst nicht glauben, was er sieht, und wird so zum sprichwörtlichen »ungläubigen Thomas«. *(Joh 20)*

Jesus begegnet den Jüngerinnen und Jüngern und sendet sie aus (Mt 28)

Als aber der Sabbat vorüber war und der erste Tag der Woche an-
brach, kamen Maria Magdalena und die andere Maria, um nach
dem Grab zu sehen. 2 Und siehe, es geschah ein großes Erdbeben.
Denn ein Engel des Herrn kam vom Himmel herab, trat hinzu und
wälzte den Stein weg und setzte sich darauf. 3 Seine Erscheinung war
wie der Blitz und sein Gewand weiß wie der Schnee. 4 Die Wachen
aber erbebten aus Furcht vor ihm und wurden, als wären sie tot.

5 Aber der Engel sprach zu den Frauen: Fürchtet euch nicht! Ich
weiß, dass ihr Jesus, den Gekreuzigten, sucht. 6 Er ist nicht hier; er
ist auferstanden, wie er gesagt hat. Kommt und seht die Stätte, wo
er gelegen hat; 7 und geht eilends hin und sagt seinen Jüngern: Er
ist auferstanden von den Toten. Und siehe, er geht vor euch hin
nach Galiläa; da werdet ihr ihn sehen. Siehe, ich habe es euch ge-
sagt. 8 Und sie gingen eilends weg vom Grab mit Furcht und großer
Freude und liefen, um es seinen Jüngern zu verkündigen.

9 Und siehe, da begegnete ihnen Jesus und sprach: Seid gegrüßt!
Und sie traten zu ihm und umfassten seine Füße und fielen vor ihm
nieder. 10 Da sprach Jesus zu ihnen: Fürchtet euch nicht! Geht hin
und verkündigt es meinen Brüdern, dass sie nach Galiläa gehen:
Dort werden sie mich sehen.

11 Als sie aber hingingen, siehe, da kamen einige von der Wache in
die Stadt und verkündeten den Hohenpriestern alles, was gesche-
hen war. 12 Und die kamen mit den Ältesten zusammen, hielten Rat
und gaben den Soldaten viel Geld 13 und sprachen: Sagt, seine Jünger
sind in der Nacht gekommen und haben ihn gestohlen, während wir
schliefen. 14 Und wenn es dem Statthalter zu Ohren kommt, wollen
wir ihn beschwichtigen und dafür sorgen, dass ihr nichts zu fürchten
habt. 15 Sie nahmen das Geld und taten, wie sie angewiesen waren.

Und dies Gerücht hat sich bei Juden verbreitet bis auf den heuti-
gen Tag.
16 Aber die elf Jünger gingen nach Galiläa auf den Berg, wohin Je-
sus sie beschieden hatte. 17 Und als sie ihn sahen, fielen sie vor ihm
nieder; einige aber zweifelten.
18 Und Jesus trat herzu, redete mit ihnen und sprach: Mir ist ge-
geben alle Gewalt im Himmel und auf Erden. 19 Darum gehet hin
und lehret alle Völker: Taufet sie auf den Namen des Vaters und des
Sohnes und des Heiligen Geistes 20 und lehret sie halten alles, was
ich euch befohlen habe. Und siehe, ich bin bei euch alle Tage bis an
der Welt Ende.

Jesus begegnet Maria Magdalena. Der »ungläubige Thomas« (Joh 20)

Am ersten Tag der Woche kommt Maria Magdalena früh, als es
noch finster war, zum Grab und sieht, dass der Stein vom Grab weg-
genommen war. 2 Da läuft sie und kommt zu Simon Petrus und zu
dem andern Jünger, den Jesus lieb hatte, und spricht zu ihnen: Sie
haben den Herrn weggenommen aus dem Grab, und wir wissen
nicht, wo sie ihn hingelegt haben.
3 Da gingen Petrus und der andere Jünger hinaus, und sie kamen
zum Grab. 4 Es liefen aber die beiden miteinander, und der andere
Jünger lief voraus, schneller als Petrus, und kam als Erster zum Grab,
5 schaut hinein und sieht die Leinentücher liegen; er ging aber nicht
hinein. 6 Da kam Simon Petrus ihm nach und ging hinein in das
Grab und sieht die Leinentücher liegen, 7 und das Schweißtuch, das
auf Jesu Haupt gelegen hatte, nicht bei den Leinentüchern, sondern
daneben, zusammengewickelt an einem besonderen Ort. 8 Da ging
auch der andere Jünger hinein, der als Erster zum Grab gekommen
war, und sah und glaubte. 9 Denn sie verstanden die Schrift noch

nicht, dass er von den Toten auferstehen müsste. [10] Da gingen die
Jünger wieder zu den anderen zurück.

[11] Maria aber stand draußen vor dem Grab und weinte. Als sie
nun weinte, beugte sie sich in das Grab hinein [12] und sieht zwei
Engel in weißen Gewändern sitzen, einen zu Häupten und den
andern zu den Füßen, wo der Leichnam Jesu gelegen hatte. [13] Und
die sprachen zu ihr: Frau, was weinst du? Sie spricht zu ihnen: Sie
haben meinen Herrn weggenommen, und ich weiß nicht, wo sie
ihn hingelegt haben.

[14] Und als sie das sagte, wandte sie sich um und sieht Jesus stehen
und weiß nicht, dass es Jesus ist. [15] Spricht Jesus zu ihr: Frau, was
weinst du? Wen suchst du? Sie meint, es sei der Gärtner, und spricht
zu ihm: Herr, hast du ihn weggetragen, so sage mir: Wo hast du ihn
hingelegt? Dann will ich ihn holen. [16] Spricht Jesus zu ihr: Maria! Da
wandte sie sich um und spricht zu ihm auf Hebräisch: Rabbuni!, das
heißt: Meister!

[17] Spricht Jesus zu ihr: Rühre mich nicht an! Denn ich bin noch
nicht aufgefahren zum Vater. Geh aber hin zu meinen Brüdern und
sage ihnen: Ich fahre auf zu meinem Vater und eurem Vater, zu meinem Gott und eurem Gott. [18] Maria Magdalena geht und verkündigt
den Jüngern: »Ich habe den Herrn gesehen«, und was er zu ihr gesagt habe.

[19] Am Abend aber dieses ersten Tages der Woche, da die Jünger
versammelt und die Türen verschlossen waren aus Furcht vor den
Juden, kam Jesus und trat mitten unter sie und spricht zu ihnen:
Friede sei mit euch! [20] Und als er das gesagt hatte, zeigte er ihnen
die Hände und seine Seite. Da wurden die Jünger froh, dass sie den
Herrn sahen.

[21] Da sprach Jesus abermals zu ihnen: Friede sei mit euch! Wie
mich der Vater gesandt hat, so sende ich euch. [22] Und als er das ge-

sagt hatte, blies er sie an und spricht zu ihnen: Nehmt hin den Heiligen Geist! [23] Welchen ihr die Sünden erlasst, denen sind sie erlassen; welchen ihr sie behaltet, denen sind sie behalten.

[24] Thomas aber, einer der Zwölf, der Zwilling genannt wird, war nicht bei ihnen, als Jesus kam. [25] Da sagten die andern Jünger zu ihm: Wir haben den Herrn gesehen. Er aber sprach zu ihnen: Wenn ich nicht in seinen Händen die Nägelmale sehe und lege meinen Finger in die Nägelmale und lege meine Hand in seine Seite, kann ich's nicht glauben.

[26] Und nach acht Tagen waren seine Jünger abermals drinnen, und Thomas war bei ihnen. Kommt Jesus, als die Türen verschlossen waren, und tritt mitten unter sie und spricht: Friede sei mit euch! [27] Danach spricht er zu Thomas: Reiche deinen Finger her und sieh meine Hände, und reiche deine Hand her und lege sie in meine Seite, und sei nicht ungläubig, sondern gläubig! [28] Thomas antwortete und sprach zu ihm: Mein Herr und mein Gott! [29] Spricht Jesus zu ihm: Weil du mich gesehen hast, darum glaubst du? Selig sind, die nicht sehen und doch glauben!

[30] Noch viele andere Zeichen tat Jesus vor seinen Jüngern, die nicht geschrieben sind in diesem Buch. [31] Diese aber sind geschrieben, damit ihr glaubt, dass Jesus der Christus ist, der Sohn Gottes, und damit ihr, weil ihr glaubt, das Leben habt in seinem Namen.

Das Evangelium breitet sich aus

Die Apostelgeschichte, die aus der Feder des gleichen Autors stammt, der auch das Lukasevangelium verfasst hat, widmet sich ganz der Verbreitung der guten Nachricht von Jesu Tod und Auferstehung in der Welt und damit der Grundlegung der christlichen Kirche. Geradezu programmatisch beauftragt Jesus seine Jünger kurz vor seiner Himmelfahrt, ihn »in Jerusalem und in ganz Judäa und Samarien und bis an das Ende der Erde« zu bezeugen (1,8). In den folgenden Kapiteln der Apostelgeschichte schreitet der Autor diese Stationen ab. *(Apg 1,1-14)*

Möglich ist die Ausbreitung des Evangeliums durch »die Kraft des Heiligen Geistes« (1,7). Als zu einem jüdischen Fest viele tausend jüdische Pilger nach Jerusalem gekommen sind, ereignet sich Ungeheuerliches: Der Heilige Geist wird auf die in einem Haus versammelten Jüngerinnen und Jünger Jesu ausgegossen. Besonderen Wert legt der Erzähler darauf, dass durch den Geist die Verständnishürden zwischen den Menschen überwunden werden. *(Apg 2,1-13)*

Ein Jude namens Saulus wird zur Schlüsselfigur bei der weiteren Ausbreitung des Evangeliums. Auf dem Weg von Jerusalem nach Damaskus, wo er gegen Jesusjünger vorgehen will, erscheint ihm der Herr: So wird aus dem Verfolger des christlichen Glaubens ein Bekenner ebendieses Glaubens und damit selbst ein Verfolgter. »Vom Saulus zum Paulus werden« ist zur sprichwörtlichen Wendung geworden. Allerdings ist Paulus eigentlich nur der zweite Name von Saulus. Er trug ihn als römischer Bürger. Das Sprichwort hat also mit der konkreten Geschichte seiner Bekehrung wenig zu tun. *(Apg 9,1-19)*

Ausgedehnte Reisen führen Paulus zunächst durch Gebiete der heutigen Türkei, dann auch nach Griechenland. Der Apostel wendet sich primär an seine jüdischen Brüder und Schwestern, aber auch an Nichtjuden, denn er ist überzeugt, dass das Evangelium keine Schranken kennt. In Athen kommt es zu einem philosophischen Streitgespräch. An der Frage der Auferstehung scheiden sich hier die Geister. Sodann lässt sich Paulus für einige Zeit in der Stadt Korinth nieder, die wegen ihrer Sittenlosigkeit berühmt-berüchtigt war. Auch hier sucht er zunächst die jüdische Synagoge auf. *(Apg 17,16–18,11)*

Die Himmelfahrt (Apg 1,1-14)

Den ersten Bericht habe ich gegeben, lieber Theophilus, von all dem,
was Jesus von Anfang an tat und lehrte 2 bis zu dem Tag, an dem er
aufgenommen wurde, nachdem er den Aposteln, die er erwählt hatte,
durch den Heiligen Geist Weisung gegeben hatte. 3 Ihnen zeigte er
sich nach seinem Leiden durch viele Beweise als der Lebendige und
ließ sich sehen unter ihnen vierzig Tage lang und redete mit ihnen vom
Reich Gottes.

4 Und als er mit ihnen beim Mahl war, befahl er ihnen, Jerusalem
nicht zu verlassen, sondern zu warten auf die Verheißung des Vaters,
die ihr – so sprach er – von mir gehört habt; 5 denn Johannes hat

mit Wasser getauft, ihr aber sollt mit dem Heiligen Geist getauft
werden nicht lange nach diesen Tagen.
[6] Die nun zusammengekommen waren, fragten ihn und sprachen:
Herr, wirst du in dieser Zeit wieder aufrichten das Reich für Israel?
[7] Er sprach aber zu ihnen: Es gebührt euch nicht, Zeit oder Stunde
zu wissen, die der Vater in seiner Macht bestimmt hat; [8] aber ihr wer-
det die Kraft des Heiligen Geistes empfangen, der auf euch kommen
wird, und werdet meine Zeugen sein in Jerusalem und in ganz Judäa
und Samarien und bis an das Ende der Erde.
[9] Und als er das gesagt hatte, wurde er vor ihren Augen emporge-
hoben, und eine Wolke nahm ihn auf, weg vor ihren Augen. [10] Und
als sie ihm nachsahen, wie er gen Himmel fuhr, siehe, da standen
bei ihnen zwei Männer in weißen Gewändern. [11] Die sagten: Ihr
Männer von Galiläa, was steht ihr da und seht gen Himmel? Dieser
Jesus, der von euch weg gen Himmel aufgenommen wurde, wird so
wiederkommen, wie ihr ihn habt gen Himmel fahren sehen.
[12] Da kehrten sie nach Jerusalem zurück von dem Berg, der Ölberg
heißt und nahe bei Jerusalem liegt, einen Sabbatweg entfernt. [13] Und
als sie hineinkamen, stiegen sie hinauf in das Obergemach des Hau-
ses, wo sie sich aufzuhalten pflegten: Petrus, Johannes, Jakobus und
Andreas, Philippus und Thomas, Bartholomäus und Matthäus, Ja-
kobus, der Sohn des Alphäus, und Simon der Zelot und Judas, der
Sohn des Jakobus. [14] Diese alle hielten einmütig fest am Gebet samt
den Frauen und Maria, der Mutter Jesu, und seinen Brüdern.

Pfingsten (Apg 2,1-13)

Und als der Pfingsttag gekommen war, waren sie alle beieinander an
einem Ort. [2] Und es geschah plötzlich ein Brausen vom Himmel wie
von einem gewaltigen Sturm und erfüllte das ganze Haus, in dem
sie saßen. [3] Und es erschienen ihnen Zungen, zerteilt und wie von

Feuer, und setzten sich auf einen jeden von ihnen, 4 und sie wurden
alle erfüllt von dem Heiligen Geist und fingen an zu predigen in
andern Sprachen, wie der Geist ihnen zu reden eingab.
5 Es wohnten aber in Jerusalem Juden, die waren gottesfürchtige
Männer aus allen Völkern unter dem Himmel. 6 Als nun dieses
Brausen geschah, kam die Menge zusammen und wurde verstört,
denn ein jeder hörte sie in seiner eigenen Sprache reden. 7 Sie ent-
setzten sich aber, verwunderten sich und sprachen: Siehe, sind nicht
diese alle, die da reden, Galiläer? 8 Wie hören wir sie denn ein jeder
in seiner Muttersprache? 9 Parther und Meder und Elamiter und
die da wohnen in Mesopotamien, Judäa und Kappadozien, Pontus
und der Provinz Asia, 10 Phrygien und Pamphylien, Ägypten und
der Gegend von Kyrene in Libyen und Römer, die bei uns wohnen,
11 Juden und Proselyten, Kreter und Araber: Wir hören sie in unsern
Sprachen die großen Taten Gottes verkünden.
12 Sie entsetzten sich aber alle und waren ratlos und sprachen einer
zu dem andern: Was will das werden? 13 Andere aber hatten ihren
Spott und sprachen: Sie sind voll süßen Weins.

Die Bekehrung des Saulus (Apg 9,1-19)

Saulus aber schnaubte noch mit Drohen und Morden gegen die
Jünger des Herrn und ging zum Hohenpriester 2 und bat ihn um
Briefe nach Damaskus an die Synagogen, dass er Anhänger dieses
Weges, Männer und Frauen, wenn er sie fände, gefesselt nach Jeru-
salem führe.
3 Als er aber auf dem Wege war und in die Nähe von Damaskus
kam, umleuchtete ihn plötzlich ein Licht vom Himmel; 4 und er
fiel auf die Erde und hörte eine Stimme, die sprach zu ihm: Saul,
Saul, was verfolgst du mich? 5 Er aber sprach: Herr, wer bist du?
Der sprach: Ich bin Jesus, den du verfolgst. 6 Steh auf und geh in die

Stadt; da wird man dir sagen, was du tun sollst. 7 Die Männer aber,
die seine Gefährten waren, standen sprachlos da; denn sie hörten
zwar die Stimme, sahen aber niemanden. 8 Saulus aber richtete sich
auf von der Erde; und als er seine Augen aufschlug, sah er nichts. Sie
nahmen ihn aber bei der Hand und führten ihn nach Damaskus;
9 und er konnte drei Tage nicht sehen und aß nicht und trank nicht.

10 Es war aber ein Jünger in Damaskus mit Namen Hananias; dem
erschien der Herr und sprach: Hananias! Und er sprach: Hier bin
ich, Herr. 11 Der Herr sprach zu ihm: Steh auf und geh in die Straße,
die die Gerade heißt, und frage in dem Haus des Judas nach einem
Mann mit Namen Saulus von Tarsus. Denn siehe, er betet 12 und hat
in einer Erscheinung einen Mann gesehen mit Namen Hananias,
der zu ihm hereinkam und ihm die Hände auflegte, dass er wieder
sehend werde. 13 Hananias aber antwortete: Herr, ich habe von vie-
len gehört über diesen Mann, wie viel Böses er deinen Heiligen in
Jerusalem angetan hat; 14 und hier hat er Vollmacht von den Ho-
henpriestern, alle gefangen zu nehmen, die deinen Namen anrufen.
15 Doch der Herr sprach zu ihm: Geh nur hin; denn dieser ist mein
auserwähltes Werkzeug, dass er meinen Namen trage vor Heiden
und vor Könige und vor das Volk Israel. 16 Ich will ihm zeigen, wie
viel er leiden muss um meines Namens willen.

17 Und Hananias ging hin und kam in das Haus und legte die
Hände auf ihn und sprach: Lieber Bruder Saul, der Herr hat mich
gesandt, Jesus, der dir auf dem Wege hierher erschienen ist, dass du
wieder sehend und mit dem Heiligen Geist erfüllt werdest. 18 Und
sogleich fiel es von seinen Augen wie Schuppen, und er wurde wie-
der sehend; und er stand auf, ließ sich taufen 19 und nahm Speise zu
sich und stärkte sich.

Paulus in Griechenland (Apg 17,16–18,11)

Als aber Paulus in Athen auf sie wartete, ergrimmte sein Geist in
ihm, da er die Stadt voller Götzenbilder sah. 17 Und er redete zu den
Juden und den Gottesfürchtigen in der Synagoge und täglich auf
dem Markt zu denen, die sich einfanden. 18 Einige Philosophen aber,
Epikureer und Stoiker, stritten mit ihm. Und einige von ihnen spra-
chen: Was will dieser Schwätzer sagen? Andere aber: Es sieht aus,
als wolle er fremde Götter verkündigen. Denn er verkündigte das
Evangelium von Jesus und von der Auferstehung. 19 Sie nahmen ihn
aber mit und führten ihn auf den Areopag und sprachen: Können
wir erfahren, was das für eine neue Lehre ist, die du lehrst? 20 Denn
du bringst etwas Neues vor unsere Ohren; nun wollen wir gerne
wissen, was das ist. 21 Alle Athener nämlich, auch die Fremden, die
bei ihnen wohnten, hatten nichts anderes im Sinn, als etwas Neues
zu sagen oder zu hören.

22 Paulus aber stand mitten auf dem Areopag und sprach: Ihr
Männer von Athen, ich sehe, dass ihr die Götter in allen Stücken
sehr verehrt. 23 Denn ich bin umhergegangen und habe eure Heilig-
tümer angesehen und fand einen Altar, auf dem stand geschrieben:
Dem unbekannten Gott. Nun verkündige ich euch, was ihr unwis-
send verehrt.

24 Gott, der die Welt gemacht hat und alles, was darinnen ist, er,
der Herr des Himmels und der Erde, wohnt nicht in Tempeln, die
mit Händen gemacht sind. 25 Auch lässt er sich nicht von Menschen-
händen dienen wie einer, der etwas nötig hätte, da er doch selber
jedermann Leben und Odem und alles gibt. 26 Und er hat aus einem
Menschen das ganze Menschengeschlecht gemacht, damit sie auf
dem ganzen Erdboden wohnen, und er hat festgesetzt, wie lange
sie bestehen und in welchen Grenzen sie wohnen sollen, 27 dass sie
Gott suchen sollen, ob sie ihn wohl fühlen und finden könnten; und

fürwahr, er ist nicht ferne von einem jeden unter uns. [28] Denn in
ihm leben, weben und sind wir; wie auch einige Dichter bei euch
gesagt haben: Wir sind seines Geschlechts. [29] Da wir nun göttlichen
Geschlechts sind, sollen wir nicht meinen, die Gottheit sei gleich
den goldenen, silbernen und steinernen Bildern, durch menschliche
Kunst und Gedanken gemacht.

[30] Zwar hat Gott über die Zeit der Unwissenheit hinweggese-
hen; nun aber gebietet er den Menschen, dass alle an allen Enden
Buße tun. [31] Denn er hat einen Tag festgesetzt, an dem er richten
will den Erdkreis mit Gerechtigkeit durch einen Mann, den er dazu
bestimmt hat und den er vor allen Menschen bestätigt hat, indem er
ihn von den Toten auferweckt hat.

[32] Als sie von der Auferstehung der Toten hörten, begannen die
einen zu spotten; die andern aber sprachen: Wir wollen dich darü-
ber ein andermal weiterhören. [33] So ging Paulus weg aus ihrer Mitte.
[34] Einige Männer aber schlossen sich ihm an und wurden gläubig;
unter ihnen war auch Dionysius, einer aus dem Rat, und eine Frau
mit Namen Damaris und andere mit ihnen.

18 Danach verließ Paulus Athen und kam nach Korinth [2] und fand
einen Juden mit Namen Aquila, aus Pontus gebürtig; der war mit
seiner Frau Priszilla kürzlich aus Italien gekommen, weil Kaiser
Klaudius allen Juden geboten hatte, Rom zu verlassen. Zu denen
ging Paulus. [3] Und weil er das gleiche Handwerk hatte, blieb er bei
ihnen und arbeitete; sie waren nämlich von Beruf Zeltmacher. [4] Und
er lehrte in der Synagoge an allen Sabbaten und überzeugte Juden
und Griechen. [5] Als aber Silas und Timotheus aus Makedonien ka-
men, richtete sich Paulus ganz auf die Verkündigung des Wortes
und bezeugte den Juden, dass Jesus der Christus ist. [6] Da sie aber
widerstrebten und lästerten, schüttelte er die Kleider aus und sprach
zu ihnen: Euer Blut komme über euer Haupt; rein bin ich und gehe
von nun an zu den Heiden.

7 Und er machte sich auf von dort und kam in das Haus eines Man-
nes mit Namen Titius Justus, eines Gottesfürchtigen; dessen Haus
war neben der Synagoge. 8 Krispus aber, der Vorsteher der Syn-
agoge, glaubte an den Herrn mit seinem ganzen Hause, und auch
viele Korinther, die zuhörten, glaubten und ließen sich taufen.
9 Es sprach aber der Herr durch eine Erscheinung in der Nacht
zu Paulus: Fürchte dich nicht, sondern rede und schweige nicht!
10 Denn ich bin mit dir, und niemand soll sich unterstehen, dir zu
schaden; denn ich habe ein großes Volk in dieser Stadt. 11 Er blieb
aber dort ein Jahr und sechs Monate und lehrte unter ihnen das
Wort Gottes.

Das Leben mit Gott

Die meisten der im Neuen Testament gesammelten Schriften sind Briefe, immerhin 21 von 27. Sie geben einen direkten Einblick in das Leben der frühen Gemeinden. Als Briefe sind sie in der Regel anlassbezogen – und weisen doch weit über ihre Situation hinaus. Viele stammen von Paulus, dem Protagonisten der Apostelgeschichte. Der Römerbrief nimmt dabei eine besondere Stellung ein, insofern er am ehesten eine systematische Darstellung des Evangeliums bietet, wie Paulus es verstanden hat. Grundlegend ist die Botschaft von der Gerechtigkeit Gottes: Gott allein ist gerecht und Gott allein macht gerecht. *(Röm 3,21-31)*

In seinem ersten Brief an die Gemeinde in Korinth schildert Paulus die Versöhnung zwischen Gott und Mensch mit anderen Worten als im Römerbrief und stellt dabei die Bedeutung des Kreuzes Jesu ins Zentrum. Am Kreuz wird deutlich, dass sich der Mensch nicht durch kluge Gedanken oder sonstige Leistungen beweisen und zu Gott aufschwingen muss, sondern dass Gott dem Menschen gerade in dessen Niedrigkeit begegnet, in der er ganz auf Gott angewiesen ist. *(1. Kor 1,18-31)*

Im gleichen Schreiben stimmt Paulus das »Hohelied der Liebe« an – spricht er hier von der Liebe Gottes oder von der Liebe zwischen Menschen? Beides schließt sich nicht aus, sondern bedingt einander sogar. Wer sich inspirieren lässt von der Liebe Christi, der den Weg des Kreuzes auf sich genommen hat, wird danach streben, diese Liebe auch im eigenen Leben Gestalt annehmen zu lassen. So vermittelt dieser Text eine Ahnung davon, wie ein Leben aussehen kann, das ganz von Gott geprägt ist. *(1. Kor 13)*

Das Kreuz Jesu ist für Paulus also zentral – und doch kennt er natürlich auch die Botschaft von der Auferstehung. Durch die Auferweckung bekennt sich Gott zum Gekreuzigten und verleiht der Botschaft Kraft. Daraus leitet Paulus auch die Gewissheit der Auferstehung aller Glaubenden ab. Freilich bedeutet Auferstehung nicht Rückkehr ins alte Leben, sondern Verwandlung in ein ganz neues Leben bei Gott. Diese Verwandlung überschreitet jede Vorstellungskraft, und doch versucht der Apostel sie in Worte zu fassen. *(1. Kor 15,1-11.35-58)*

Die Betonung des Glaubens bei Paulus kann missverstanden werden – als komme es auf das konkrete Handeln des Menschen gar nicht mehr an. Dagegen wendet sich der Autor des Jakobusbriefes, indem er die Bedeutung der »Werke« betont. Luther hat diesen Brief wegen seines (scheinbaren?) Widerspruchs gegen Paulus kritisiert und als »stroherne Epistel« bezeichnet. Zwar entfernte er ihn nicht aus der Bibel, doch er stellte ihn fast ganz an das Ende aller Briefe. Dort findet er sich in der Lutherbibel noch heute – anders als in anderen Bibelübersetzungen. *(Jak 2,14-26)*

Die Gerechtigkeit aus Glauben (Röm 3,21-31)

Nun aber ist ohne Zutun des Gesetzes die Gerechtigkeit, die vor
Gott gilt, offenbart, bezeugt durch das Gesetz und die Propheten.
[22] Ich rede aber von der Gerechtigkeit vor Gott, die da kommt durch
den Glauben an Jesus Christus zu allen, die glauben.

Denn es ist hier kein Unterschied: [23] Sie sind allesamt Sünder und
ermangeln des Ruhmes, den sie vor Gott haben sollen, [24] und wer-
den ohne Verdienst gerecht aus seiner Gnade durch die Erlösung,
die durch Christus Jesus geschehen ist.

[25] Den hat Gott für den Glauben hingestellt zur Sühne in seinem
Blut zum Erweis seiner Gerechtigkeit, indem er die Sünden vergibt,
die früher begangen wurden [26] in der Zeit der Geduld Gottes, um
nun, in dieser Zeit, seine Gerechtigkeit zu erweisen, auf dass er al-
lein gerecht sei und gerecht mache den, der da ist aus dem Glauben
an Jesus.

[27] Wo bleibt nun das Rühmen? Es ist ausgeschlossen. Durch wel-
ches Gesetz? Durch das Gesetz der Werke? Nein, sondern durch das
Gesetz des Glaubens. [28] So halten wir nun dafür, dass der Mensch
gerecht wird ohne des Gesetzes Werke, allein durch den Glauben.
[29] Oder ist Gott allein der Gott der Juden? Ist er nicht auch der Gott
der Heiden? Ja gewiss, auch der Heiden. [30] Denn es ist der eine Gott,
der gerecht macht die Juden aus dem Glauben und die Heiden durch
den Glauben. [31] Wie? Heben wir das Gesetz auf durch den Glauben?
Das sei ferne! Sondern wir richten das Gesetz auf.

Das Wort vom Kreuz (1. Kor 1,18-31)

Denn das Wort vom Kreuz ist eine Torheit denen, die verloren wer-
den; uns aber, die wir selig werden, ist es Gottes Kraft. [19] Denn es
steht geschrieben: »Ich will zunichtemachen die Weisheit der Wei-
sen, und den Verstand der Verständigen will ich verwerfen.« [20] Wo

sind die Klugen? Wo sind die Schriftgelehrten? Wo sind die Weisen
dieser Welt? Hat nicht Gott die Weisheit der Welt zur Torheit ge-
macht? 21 Denn weil die Welt durch ihre Weisheit Gott in seiner
Weisheit nicht erkannte, gefiel es Gott wohl, durch die Torheit der
Predigt selig zu machen, die da glauben.

22 Denn die Juden fordern Zeichen und die Griechen fragen nach
Weisheit, 23 wir aber predigen Christus, den Gekreuzigten, den Ju-
den ein Ärgernis und den Heiden eine Torheit; 24 denen aber, die
berufen sind, Juden und Griechen, predigen wir Christus als Gottes
Kraft und Gottes Weisheit. 25 Denn die göttliche Torheit ist weiser,
als die Menschen sind, und die göttliche Schwachheit ist stärker, als
die Menschen sind.

26 Seht doch, Brüder und Schwestern, auf eure Berufung. Nicht
viele Weise nach dem Fleisch, nicht viele Mächtige, nicht viele Vor-
nehme sind berufen. 27 Sondern was töricht ist vor der Welt, das
hat Gott erwählt, damit er die Weisen zuschanden mache; und was
schwach ist vor der Welt, das hat Gott erwählt, damit er zuschan-
den mache, was stark ist; 28 und was gering ist vor der Welt und was
verachtet ist, das hat Gott erwählt, was nichts ist, damit er zunichte-
mache, was etwas ist, 29 auf dass sich kein Mensch vor Gott rühme.
30 Durch ihn aber seid ihr in Christus Jesus, der für uns zur Weis-
heit wurde durch Gott und zur Gerechtigkeit und zur Heiligung
und zur Erlösung, 31 auf dass gilt, wie geschrieben steht: »Wer sich
rühmt, der rühme sich des Herrn!«

Von der Liebe (1. Kor 13)

Wenn ich mit Menschen- und mit Engelzungen redete und hätte
der Liebe nicht, so wäre ich ein tönendes Erz oder eine klingende
Schelle. 2 Und wenn ich prophetisch reden könnte und wüsste alle
Geheimnisse und alle Erkenntnis und hätte allen Glauben, sodass

ich Berge versetzen könnte, und hätte der Liebe nicht, so wäre ich nichts. 3 Und wenn ich alle meine Habe den Armen gäbe und meinen Leib dahingäbe, mich zu rühmen, und hätte der Liebe nicht, so wäre mir's nichts nütze.

4 Die Liebe ist langmütig und freundlich, die Liebe eifert nicht, die Liebe treibt nicht Mutwillen, sie bläht sich nicht auf, 5 sie verhält sich nicht ungehörig, sie sucht nicht das Ihre, sie lässt sich nicht erbittern, sie rechnet das Böse nicht zu, 6 sie freut sich nicht über die Ungerechtigkeit, sie freut sich aber an der Wahrheit; 7 sie erträgt alles, sie glaubt alles, sie hofft alles, sie duldet alles.

8 Die Liebe höret nimmer auf, wo doch das prophetische Reden aufhören wird und das Zungenreden aufhören wird und die Erkenntnis aufhören wird. 9 Denn unser Wissen ist Stückwerk und unser prophetisches Reden ist Stückwerk. 10 Wenn aber kommen wird das Vollkommene, so wird das Stückwerk aufhören.

11 Als ich ein Kind war, da redete ich wie ein Kind und dachte wie ein Kind und war klug wie ein Kind; als ich aber ein Mann wurde, tat ich ab, was kindlich war. 12 Wir sehen jetzt durch einen Spiegel in einem dunklen Bild; dann aber von Angesicht zu Angesicht. Jetzt erkenne ich stückweise; dann aber werde ich erkennen, gleichwie ich erkannt bin.

13 Nun aber bleiben Glaube, Hoffnung, Liebe, diese drei; aber die Liebe ist die größte unter ihnen.

Von Tod und Auferstehung (1. Kor 15,1-11.35-58)

Ich erinnere euch aber, Brüder und Schwestern, an das Evangelium, das ich euch verkündigt habe, das ihr auch angenommen habt, in dem ihr auch fest steht, 2 durch das ihr auch selig werdet, wenn ihr's so festhaltet, wie ich es euch verkündigt habe; es sei denn, dass ihr's umsonst geglaubt hättet.

3 Denn als Erstes habe ich euch weitergegeben, was ich auch emp-
fangen habe: Dass Christus gestorben ist für unsre Sünden nach der
Schrift; 4 und dass er begraben worden ist; und dass er auferweckt
worden ist am dritten Tage nach der Schrift; 5 und dass er gesehen
worden ist von Kephas, danach von den Zwölfen.

6 Danach ist er gesehen worden von mehr als fünfhundert Brüdern
auf einmal, von denen die meisten noch heute leben, einige aber sind
entschlafen. 7 Danach ist er gesehen worden von Jakobus, danach von
allen Aposteln. 8 Zuletzt von allen ist er auch von mir als einer un-
zeitigen Geburt gesehen worden. 9 Denn ich bin der geringste unter
den Aposteln, der ich nicht wert bin, dass ich ein Apostel heiße, weil
ich die Gemeinde Gottes verfolgt habe. 10 Aber durch Gottes Gnade
bin ich, was ich bin. Und seine Gnade an mir ist nicht vergeblich ge-
wesen, sondern ich habe viel mehr gearbeitet als sie alle; nicht aber
ich, sondern Gottes Gnade, die mit mir ist. 11 Ob nun ich oder jene:
So predigen wir, und so habt ihr geglaubt.

35 Es könnte aber jemand fragen: Wie werden die Toten aufferste-
hen und mit was für einem Leib werden sie kommen? 36 Du Narr:
Was du säst, wird nicht lebendig, wenn es nicht stirbt. 37 Und was du
säst, ist ja nicht der Leib, der werden soll, sondern ein bloßes Korn,
sei es von Weizen oder etwas anderem. 38 Gott aber gibt ihm einen
Leib, wie er will, einem jeden Samen seinen eigenen Leib. 39 Nicht
alles Fleisch ist das gleiche Fleisch, sondern ein anderes Fleisch ha-
ben die Menschen, ein anderes das Vieh, ein anderes die Vögel, ein
anderes die Fische. 40 Und es gibt himmlische Körper und irdische
Körper; aber eine andere Herrlichkeit haben die himmlischen und
eine andere die irdischen. 41 Einen andern Glanz hat die Sonne, einen
andern Glanz hat der Mond, einen andern Glanz haben die Sterne;
denn ein Stern unterscheidet sich vom andern durch seinen Glanz.
42 So auch die Auferstehung der Toten. Es wird gesät verweslich und

wird auferstehen unverweslich. [43] Es wird gesät in Niedrigkeit und
wird auferstehen in Herrlichkeit. Es wird gesät in Schwachheit und
wird auferstehen in Kraft. [44] Es wird gesät ein natürlicher Leib und
wird auferstehen ein geistlicher Leib. Gibt es einen natürlichen Leib,
so gibt es auch einen geistlichen Leib. [45] Wie geschrieben steht: Der
erste Mensch, Adam, »wurde zu einem lebendigen Wesen«, und der
letzte Adam zum Geist, der lebendig macht.

[46] Aber nicht der geistliche Leib ist der erste, sondern der na-
türliche; danach der geistliche. [47] Der erste Mensch ist von der
Erde und irdisch; der zweite Mensch ist vom Himmel. [48] Wie der
irdische ist, so sind auch die irdischen; und wie der himmlische
ist, so sind auch die himmlischen. [49] Und wie wir getragen haben
das Bild des irdischen, so werden wir auch tragen das Bild des
himmlischen.

[50] Das sage ich aber, liebe Brüder und Schwestern, dass Fleisch und
Blut das Reich Gottes nicht ererben können; auch wird das Ver-
wesliche nicht erben die Unverweslichkeit. [51] Siehe, ich sage euch ein
Geheimnis: Wir werden nicht alle entschlafen, wir werden aber alle
verwandelt werden; [52] und das plötzlich, in einem Augenblick, zur
Zeit der letzten Posaune. Denn es wird die Posaune erschallen und
die Toten werden auferstehen unverweslich, und wir werden ver-
wandelt werden. [53] Denn dies Verwesliche muss anziehen die Unver-
weslichkeit, und dies Sterbliche muss anziehen die Unsterblichkeit.

[54] Wenn aber dies Verwesliche anziehen wird die Unverweslichkeit
und dies Sterbliche anziehen wird die Unsterblichkeit, dann wird er-
füllt werden das Wort, das geschrieben steht: »Der Tod ist verschlun-
gen in den Sieg. [55] Tod, wo ist dein Sieg? Tod, wo ist dein Stachel?«
[56] Der Stachel des Todes aber ist die Sünde, die Kraft aber der Sünde
ist das Gesetz. [57] Gott aber sei Dank, der uns den Sieg gibt durch un-
sern Herrn Jesus Christus!

[58] Darum, meine lieben Brüder und Schwestern, seid fest und unerschütterlich und nehmt immer zu in dem Werk des Herrn, denn ihr wisst, dass eure Arbeit nicht vergeblich ist in dem Herrn.

Glaube und Werke (Jak 2,14-26)

Was hilft's, Brüder und Schwestern, wenn jemand sagt, er habe
Glauben, und hat doch keine Werke? Kann denn der Glaube ihn
selig machen? [15] Wenn ein Bruder oder eine Schwester nackt ist und
Mangel hat an täglicher Nahrung [16] und jemand unter euch spricht
zu ihnen: Geht hin in Frieden, wärmt euch und sättigt euch!, ihr
gebt ihnen aber nicht, was der Leib nötig hat – was hilft ihnen das?
[17] So ist auch der Glaube, wenn er nicht Werke hat, tot in sich selber.
[18] Aber es könnte jemand sagen: Du hast Glauben, und ich habe
Werke. Zeige mir deinen Glauben ohne die Werke, so will ich dir
meinen Glauben zeigen aus meinen Werken. [19] Du glaubst, dass nur
einer Gott ist? Du tust recht daran; die Teufel glauben's auch und
zittern. [20] Willst du nun einsehen, du törichter Mensch, dass der
Glaube ohne Werke nutzlos ist?

[21] Ist nicht Abraham, unser Vater, durch Werke gerecht geworden,
als er seinen Sohn Isaak auf dem Altar opferte? [22] Da siehst du, dass
der Glaube zusammengewirkt hat mit seinen Werken, und durch die
Werke ist der Glaube vollkommen geworden. [23] So ist die Schrift erfüllt, die da spricht: »Abraham hat Gott geglaubt und das ist ihm zur
Gerechtigkeit gerechnet worden«, und er wurde »ein Freund Gottes«
genannt. [24] So seht ihr nun, dass der Mensch durch Werke gerecht
wird, nicht durch Glauben allein. [25] Desgleichen die Hure Rahab: Ist
sie nicht durch Werke gerecht geworden, als sie die Boten aufnahm
und sie auf einem andern Weg hinausließ? [26] Denn wie der Leib ohne
Geist tot ist, so ist auch der Glaube ohne Werke tot.

Himmel und Erde werden neu

Jesus hatte verkündigt, dass mit seinen Taten und Worten das Reich Gottes zu den Menschen komme. Und doch blieb die Welt in gewisser Weise die alte. Paulus hatte die verwandelnde Kraft des Evangeliums am eigenen Leib gespürt. Und doch wartete er noch auf die Auferweckung der Christusgläubigen am Ende der Tage und lebte sein Leben bis dahin im Zeichen des Kreuzes. So wurde das Christsein zu einem Leben »zwischen den Zeiten«.

Dass die Zeit lang wurde, erlebten insbesondere Gläubige, die um ihres Glaubens willen verfolgt wurden. An sie wendet sich die Offenbarung des Johannes, die ihnen Trost und Hoffnung vermitteln will. Dieses letzte Buch der Bibel ist mit seiner bilderreichen Sprache ein faszinierendes, jedoch nicht leicht zugängliches Buch. In ihm ist die Rede von vier apokalyptischen Reitern, die Krieg, Hunger, Krankheit und Tod ankündigen. Sieben Siegel werden gebrochen, sieben Trompeten geblasen, sieben Schalen des Zorns ausgegossen. Doch das Buch zielt letztlich nicht auf die Darstellung des Weltuntergangs, sondern schließt mit der Ankündigung einer neuen Welt. *(Offb 21,1–22,19)*

Und ich sah einen neuen Himmel und eine neue Erde; denn der erste Himmel und die erste Erde sind vergangen, und das Meer ist nicht mehr. 2 Und ich sah die heilige Stadt, das neue Jerusalem,

von Gott aus dem Himmel herabkommen, bereitet wie eine ge-
schmückte Braut für ihren Mann.
3 Und ich hörte eine große Stimme von dem Thron her, die
sprach: Siehe da, die Hütte Gottes bei den Menschen! Und er
wird bei ihnen wohnen, und sie werden seine Völker sein, und
er selbst, Gott mit ihnen, wird ihr Gott sein; 4 und Gott wird
abwischen alle Tränen von ihren Augen, und der Tod wird nicht
mehr sein, noch Leid noch Geschrei noch Schmerz wird mehr
sein; denn das Erste ist vergangen.
5 Und der auf dem Thron saß, sprach: Siehe, ich mache alles neu!
Und er spricht: Schreibe, denn diese Worte sind wahrhaftig und ge-
wiss! 6 Und er sprach zu mir: Es ist geschehen. Ich bin das A und das
O, der Anfang und das Ende. Ich will dem Durstigen geben von der
Quelle des lebendigen Wassers umsonst. 7 Wer überwindet, der wird
dies ererben, und ich werde sein Gott sein und er wird mein Sohn
sein. 8 Die Feigen aber und Ungläubigen und Frevler und Mörder
und Hurer und Zauberer und Götzendiener und alle Lügner, deren
Teil wird in dem Pfuhl sein, der mit Feuer und Schwefel brennt; das
ist der zweite Tod.
9 Und es kam zu mir einer von den sieben Engeln, die die sieben
Schalen hatten, gefüllt mit den letzten sieben Plagen, und redete mit
mir und sprach: Komm, ich will dir die Braut zeigen, die Frau des
Lammes. 10 Und er führte mich hin im Geist auf einen

Das neue Jerusalem

großen und hohen Berg und zeigte mir die heilige
Stadt Jerusalem herniederkommen aus dem Him-
mel von Gott, 11 die hatte die Herrlichkeit Gottes; ihr
Leuchten war gleich dem alleredelsten Stein, einem Jaspis, klar wie
Kristall; 12 sie hatte eine große und hohe Mauer und hatte zwölf Tore
und auf den Toren zwölf Engel und Namen darauf geschrieben,
nämlich die Namen der zwölf Stämme der Israeliten: 13 von Osten

drei Tore, von Norden drei Tore, von Süden drei Tore, von Westen
drei Tore. [14] Und die Mauer der Stadt hatte zwölf Grundsteine und
auf ihnen die zwölf Namen der zwölf Apostel des Lammes.

[15] Und der mit mir redete, hatte einen Messstab, ein goldenes Rohr,
um die Stadt zu messen und ihre Tore und ihre Mauer. [16] Und die
Stadt ist viereckig angelegt und ihre Länge ist so groß wie die Breite.
Und er maß die Stadt mit dem Rohr: zwölftausend Stadien. Die
Länge und die Breite und die Höhe der Stadt sind gleich. [17] Und er
maß ihre Mauer: hundertvierundvierzig Ellen nach Menschenmaß,
das der Engel gebrauchte.

[18] Und der Kern der Mauer war aus Jaspis und die Stadt aus rei-
nem Gold, gleich reinem Glas. [19] Die Grundsteine der Mauer um die
Stadt waren geschmückt mit allerlei Edelsteinen. Der erste Grund-
stein war ein Jaspis, der zweite ein Saphir, der dritte ein Chalzedon,
der vierte ein Smaragd, [20] der fünfte ein Sardonyx, der sechste ein
Sarder, der siebente ein Chrysolith, der achte ein Beryll, der neunte
ein Topas, der zehnte ein Chrysopras, der elfte ein Hyazinth, der
zwölfte ein Amethyst. [21] Und die zwölf Tore waren zwölf Perlen, ein
jedes Tor war aus einer einzigen Perle, und die Straße der Stadt war
aus reinem Gold wie durchscheinendes Glas.

[22] Und ich sah keinen Tempel darin; denn der Herr, der allmächtige
Gott, ist ihr Tempel, er und das Lamm. [23] Und die Stadt bedarf keiner
Sonne noch des Mondes, dass sie ihr scheinen; denn die Herrlich-
keit Gottes erleuchtet sie, und ihre Leuchte ist das Lamm. [24] Und die
Völker werden wandeln in ihrem Licht; und die Könige auf Erden
werden ihre Herrlichkeit in sie bringen. [25] Und ihre Tore werden nicht
verschlossen am Tage; denn da wird keine Nacht sein. [26] Und man
wird die Herrlichkeit und die Ehre der Völker in sie bringen. [27] Und
nichts Unreines wird hineinkommen und keiner, der Gräuel tut und
Lüge, sondern die geschrieben sind in dem Lebensbuch des Lammes.

22 Und er zeigte mir einen Strom lebendigen Wassers, klar wie
Kristall, der ausgeht von dem Thron Gottes und des Lammes, 2 mit-
ten auf ihrer Straße und auf beiden Seiten des Stromes Bäume des
Lebens, die tragen zwölfmal Früchte, jeden Monat bringen sie ihre
Frucht, und die Blätter der Bäume dienen zur Heilung der Völker.
3 Und es wird nichts Verfluchtes mehr sein. Und der Thron Gottes
und des Lammes wird in der Stadt sein, und seine Knechte wer-
den ihm dienen 4 und sein Angesicht sehen, und sein Name wird
an ihren Stirnen sein. 5 Und es wird keine Nacht mehr sein, und
sie bedürfen nicht des Lichts einer Lampe und nicht des Lichts der
Sonne; denn Gott der Herr wird über ihnen leuchten, und sie wer-
den regieren von Ewigkeit zu Ewigkeit.
6 Und er sprach zu mir: Diese Worte sind gewiss und wahrhaftig;
und der Herr, der Gott der Geister der Propheten, hat seinen Engel
gesandt, zu zeigen seinen Knechten, was bald geschehen muss.
7 Siehe, ich komme bald. Selig ist, der die Worte der Weissagung
in diesem Buch bewahrt.
8 Und ich, Johannes, bin es, der dies gehört und gesehen hat. Und
als ich's gehört und gesehen hatte, fiel ich nieder, um anzubeten zu
den Füßen des Engels, der mir dies zeigte. 9 Und er spricht zu mir:
Tu es nicht! Ich bin dein Mitknecht und der Mitknecht deiner Brü-
der, der Propheten, und derer, die bewahren die Worte dieses Bu-
ches. Bete Gott an!
10 Und er spricht zu mir: Versiegle nicht die Worte der Weissagung
in diesem Buch; denn die Zeit ist nahe! 11 Wer Böses tut, der tue
weiterhin Böses, und wer unrein ist, der sei weiterhin
unrein; aber wer gerecht ist, der übe weiterhin Ge- Der Herr kommt
rechtigkeit, und wer heilig ist, der sei weiterhin heilig.
12 Siehe, ich komme bald und mein Lohn mit mir, einem jeden zu
geben, wie sein Werk ist. 13 Ich bin das A und das O, der Erste und

der Letzte, der Anfang und das Ende. [14] Selig sind, die ihre Kleider
waschen, dass sie Zugang haben zum Baum des Lebens und zu den
Toren hineingehen in die Stadt. [15] Draußen sind die Hunde und die
Zauberer und die Hurer und die Mörder und die Götzendiener und
alle, die die Lüge lieben und tun.

[16] Ich, Jesus, habe meinen Engel gesandt, euch dies zu bezeugen für
die Gemeinden. Ich bin die Wurzel und das Geschlecht Davids, der
helle Morgenstern. [17] Und der Geist und die Braut sprechen: Komm!
Und wer es hört, der spreche: Komm! Und wen dürstet, der komme;
wer da will, der nehme das Wasser des Lebens umsonst.

[18] Ich bezeuge allen, die da hören die Worte der Weissagung in die-
sem Buch: Wenn ihnen jemand etwas hinzufügt, so wird Gott ihm
die Plagen zufügen, die in diesem Buch geschrieben stehen. [19] Und
wenn jemand etwas wegnimmt von den Worten des Buchs dieser
Weissagung, so wird Gott ihm seinen Anteil wegnehmen am Baum
des Lebens und an der heiligen Stadt, von denen in diesem Buch
geschrieben steht.

INHALTSVERZEICHNIS

Altes Testament

Neues Testament

Entdecken Sie
weitere Bestseller

Ludwig van Beethoven.
Missa Solemnis

Mit Audio-CD

Meinrad Walter (Hg.),
Jakob Johannes Koch,
Hans-Joachim Hinrichsen
Gebunden, Fadenheftung,
15,5 x 23 cm, 144 Seiten
ISBN: 978-3-438-04842-4

Johann Sebastian Bach.
Matthäus-Passion

Mit MP3-CD

Meinrad Walter (Hg.),
Reiner Marquard,
Meinrad Walter
Gebunden, Fadenheftung,
15,5 x 23 cm, 144 Seiten
ISBN: 978-3-438-04843-1

DEUTSCHE
BIBEL
GESELLSCHAFT

Kann die Bibel auch lustig sein?

111 Möglichkeiten, Bibeltexte mit dem Alltag zu verbinden, und das auf sehr humorvolle Weise

111 Bibeltexte, die man kennen muss
Andreas Malessa
Kartoniert, 13,5 x 20,5 cm,
240 Seiten
ISBN: 978-3-438-04836-3